Bruna Martinelli
In den Falten der Zeit

Erinnerungen einer Bäuerin
aus dem Maggiatal

Aus dem Italienischen übersetzt von
Judith Blumenthal, Antonella Rigamonti
und Andreas Grosz

Die Autorin legt Wert darauf, dass gewisse Ausdrücke ihres Tessiner Dialekts auch in der deutschen Übersetzung erhalten bleiben. Sie werden zum Teil im Text selbst, hauptsächlich aber in einem kleinen Anhang erklärt.

Vorwort

Es ist ein Glück, Bruna Martinelli zu kennen. Anfängliche Zurückhaltung ist bei ihr schnell einer herzlichen Gastfreundschaft gewichen. Grosszügig schenkte sie uns von den Gaben, die Wald und Garten ihr beschert hatten, und empfing uns eins ums andere Mal in ihrer geräumigen, warmen, nüchtern eingerichteten Küche. Bei einfachen Leuten ist immer noch sie die wohnliche Mitte des Hauses und der Ort, wo Gespräche geführt und Gäste bewirtet werden.

Bruna Martinelli ist mit Leib und Seele Bäuerin, aber sie ist auch, obwohl sie von ihrer Belesenheit kein Aufheben macht, eine Frau des Wortes. In Reinkultur verkörpert sie jene »urbanità«, die den Menschen des ländlichen Tessins in einem alten Bildband[1] nachgesagt wird und vor der wir Leute aus der deutschen Schweiz uns manchmal plump und roh vorkommen, befangen oder behindert in unserem Umgang mit der Hochsprache. Bruna Martinelli hingegen bewegt sich in beiden Varianten ihrer Muttersprache, im Dialekt ihres Tales und dem Italienischen »der Schrift«, mit derselben Leichtigkeit und Eleganz. Da gibt es kein ange-

---

1 Gotthard Schuh: *Tessin*. Mit einer Einleitung von Titus Burckhardt, Zürich 1961

strengtes oder linkisches Ringen um Worte, auch keine altersbedingte Verlangsamung des Redeflusses.

Blättert man heute in dem oben erwähnten alten Bildband, so fällt auf, wie sehr sich das Tessin in den vergangenen fünfzig, sechzig Jahren verändert hat. Wie überall in der Schweiz hat auch hier eine gewaltige, ja gewalttätige Verstädterung stattgefunden (die allerdings mit Urbanität wenig zu tun hat, viel eher einem gewissen Provinzialismus förderlich scheint).

Und ähnlich ergeht es einem mit dem Buch von Bruna Martinelli: Es macht augenfällig, in wie kurzer Zeit sich die Lebensbedingungen, Sitten und Denkweisen in ihrem Tal gewandelt haben, nämlich binnen einem Menschenalter.

Wir möchten Bruna Martinelli an dieser Stelle herzlich danken: für ihre Gastfreundschaft, die vielen Gespräche, die hausgemachten Konfitüren und Kräutermischungen sowie für die Fotos, die sie uns zur Verfügung gestellt hat. Zusammen mit jenen, die wir auf unseren Streifzügen in Avegno und dessen Umgebung aufgenommen haben, erweitern sie nun die deutsche Ausgabe ihres Buches um einen Bildteil.

Beatrice Maritz und Andreas Grosz

Vorwort zur italienischen Ausgabe

Ich komme von auswärts; anders als die Autorin bin ich nicht in einem Dorf des Maggiatals geboren und aufgewachsen. Es mag deshalb seltsam anmuten, dass mir die Aufgabe zufällt, dieses vom hiesigen Leben handelnde Buch einzuleiten. Und doch: dass ich diese Gegend bis in ihre verborgensten Winkel kennengelernt habe, dass ich zuweilen die Handschrift derer wiedererkennen konnte, die in ihr gelebt haben, und dass ich vor allem die Berge hier lieben lernte, verdanke ich auch den Erzählungen, die Bruna Martinelli im Lauf der Jahre zu Papier gebracht hat.

Einige Geschichten durfte ich zuerst aus dem Mund der Autorin selbst vernehmen, oftmals nur kurze Episoden, mit denen sie ihre Auskünfte würzte, wenn ich mich nach dieser oder jener Stelle des Dorfes erkundigte. Mit einem Ort vertraut zu sein und ihn zu verstehen, seine Geschichte zu kennen und zu wissen, dass andere Menschen an diesen Stätten gelebt, gearbeitet, geliebt haben, dies bedeutet auch, dass einer hier intensiver lebt, nämlich mit Respekt, Bewusstsein und Dankbarkeit. Brunas Erzählungen haben mir Fremdem ermöglicht, in einer Gegend heimisch zu werden, in der ich nicht als Kind schon gelebt habe. Cesare Pavese hat einmal geschrieben, dass einer ein Dorf braucht, und sei es nur, um wegzugehen … und wiederzukehren. Sollte ich eines Tages weggehen müssen, so würde ich am Ende, glaube ich, nach Avegno heimkehren.

Bruna erzählt sehr gerne, und sie mag es, wenn man ihr zuhört. In den vergangenen Jahren ist ihr diese Leidenschaft fast zum Beruf geworden, vor allem wenn sie unseren Kleinsten in Bibliotheken und am Fernsehen bei verschiedenen Anlässen Geschichten erzählt. Sind aber keine Zuhörer da, dann fliessen ihr die Erinnerungen mit unglaublicher Leichtigkeit aus der Feder. Sie verfügt über eine ausserordentliche Fähigkeit, ihre Gedanken in Wörter und Sätze zu verwandeln.

Als eine erste, für den Kreis der Familie bestimmte Version vorlag, liess Bruna sich überzeugen, an einem Wettbewerb teilzunehmen. Nach einem Lektorat und nach Überarbeitung des Manuskripts wurde eine Druckfassung hergestellt, worauf es einem Verlag unterbreitet werden konnte, der es schliesslich veröffentlichte.

Freilich sind es keine Geschichten, die in einem Zug gelesen werden wollen, doch lässt man sich faszinieren von den hellwachen Reflexionen der Autorin, von ihrem differenzierten Wahrnehmungsvermögen und ihrer Gabe, mit allen Sinnen zu empfinden. Und so sind ihre bevorzugten Themen die Liebe zur Natur, die Zuneigung zu den Tieren und eine bejahende Lebenshaltung auch in schwierigen Lagen. Es handelt sich nicht um blosse Zeugnisse einer vergangenen Zeit, sondern um Lehren für die Zukunft, die einer tiefen Dankbarkeit dem Leben gegenüber entspringen.

Häufig beginnen ihre Geschichten mit einem kurzen Satz, mit wenigen, wie in Stein gemeisselten Worten, die den Ton des nachfolgenden Prosastücks anschlagen. Am Schluss steht dann oft eine Art Sinnspruch.

Bei näherer Betrachtung erweist sich das nicht nur als stilistische Eigenheit, sondern als eine Denkart. Durch sie erschliessen sich diese Erzählungen, obwohl sie an einen ganz bestimmten Ort gebunden sind, allen Leserinnen und Lesern.

Bruna Martinellis Geschichten hinterlassen nach der Lektüre den bleibenden Eindruck, ihre tiefere Bedeutung führe weit über das eigene Dorf hinaus. Vielleicht ist dies ihr eigentlicher Wert.

Giancarlo Verzaroli

Titelbild der Originalausgabe:
Serena Martinelli, *La ciotola,* Öl auf Papier, 1979

In diesem Dorf bin ich geboren,
hier bin ich aufgewachsen,
und hier lebe ich noch heute.
Hier fühle ich mich wohl.
Meine Wurzeln reichen bis tief hinunter
in diese steinige Erde,
ziehen daraus die Essenz meines Wesens.
Ich kenne jeden Winkel,
jeden Weg,
fast jeden Baum in diesem Ort
und fühle mich in vollkommenem Einklang
mit allem, was mich hier umgibt.

In den Falten der Zeit

Im Gewebe der Zeit, zwischen Schuss und Kette, gibt es unzählige Falten, in denen sich Erinnerungen verborgen halten, Eindrücke, Gesichter, Reuegefühle und Wünsche eines ganzen Lebens.

Der alte Mensch, der Eile und fortwährenden Tatendrang hinter sich gelassen hat, kann sich nun in Ruhe hinsetzen, die Augen schliessen und diese Falten durchsuchen, um Dinge wieder zu finden, deren Besitz ihm vielleicht nicht einmal bewusst war.

In diesem Gewebe ist alles enthalten. Da ist die Vergangenheit mit ihren Erinnerungen, die Gegenwart mit ihrer Realität, und da ist auch die Zukunft mit kleinen Träumen, aber grossen Hoffnungen für die geliebten Menschen, die nach einem kommen. Vor allem aber ist da die Entdeckung einer neuen Art und Weise, die Umwelt und die Schönheit der Schöpfung wahrzunehmen, während man sich glücklich von der Sonne wärmen lässt.

Die Gerüche meiner Heimat

Gestern Abend ist nach dreimonatiger Trockenheit endlich der Regen gekommen.

Nach zehn Uhr ging ich hinaus, setzte mich in meinen Jeep und fuhr zum Schafgehege. Ich war kaum aus dem Wagen gestiegen, da hat mich der Geruch von feuchter Erde überwältigt. Gerüche sind schwer zu beschreiben; dieser hier war stark, männlich, ursprünglich. Und man sah förmlich, wie die Erde sich diesem Geschenk des Himmels, das sie fruchtbar machen sollte, gierig öffnete.

Weiter vorne lag ein Haufen Kastanienblätter auf dem Weg. Sie rochen nach Herbst und nach den langen Kleidern alter Frauen, die sich im Wald aufgehalten haben. Welke Blätter haben viele verschiedene Gerüche, entsprechend der Baumart.

Wer einmal auf Laubsäcken geschlafen hat, die mit Buchenblättern gefüllt waren, wird den Duft dieses Bettes nie vergessen. Er hat dich in den Schlaf gewiegt, und am Morgen beim Aufwachen lag er dir in der Nase. Er vermischte sich mit dem Geruch deiner Haut, und du trugst ihn den ganzen Tag auf dir. Es war ein Geruch von Bergen, von Wäldern mit mächtigen Bäumen und offenen Räumen. Hätte ich heute das Glück, auf diesen Blättern zu schlafen, würde ich den Duft meiner Kindheit wiederfinden.

Der Geruch von Eichenlaub ist ein anderer als der von Birkenblättern. Der eine ist stark und etwas bitter, während der andere zart, staubig und leicht süsslich ist, so süss wie der Rauch von einem Birkenholzfeuer. Den stärksten und unverwechselbarsten Geruch aber hat das Laub des Nussbaums. Wenn ich beim Vorübergehen auf einen Haufen dieser trockenen, schwärzlichen Blätter trete, die unter den Füssen zerbröseln, lässt mich ihr unverkennbarer Geruch innehalten. Er ist grün, bitter, ölig, füllt Nase und Lunge.

So sind die Gerüche der Erde, wenn sie schläft und leblos scheint. Zu ihnen gesellen sich Stallgerüche und vermischen sich mit dem Rauch, der aus den Kaminen steigt. Wenn Gemma am Morgen das Feuer mit trockenen Ginsterreisern anfachte, hatte dieses einen solch eigenen Geruch, dass man ihn von tausend anderen unterscheiden konnte. Vereint mit dem süssen Geruch von Birkenholz, dem kräftigen von Kastanie und Eiche und dem beissenden der harzhaltigen Hölzer entstand so der Geruch meines Zuhauses. Wenn unter all den rauchenden Kaminen aber eines ist, aus dem der Gestank von schlecht verbranntem Heizöl quillt, dann gibt es freilich nur eins: Fenster schliessen.

Der Spruch »Jedem Bauern der Geruch des eigenen Misthaufens am besten gefällt« stimmt genau. Gegen Stallgeruch habe ich nichts, hingegen stören mich häufig die Gerüche von Küchenputzmitteln oder von bestimmten Sonnencremes und Parfüms.

Früher wurde bei uns während der Totenwache im Raum, wo der Leichnam aufgebahrt lag, Kölnischwasser der Marke 4711 versprüht. Noch heute ist dies für mich Leichengeruch. Als meine Mutter starb, haben die guten Ordensschwestern des Spitals sie mit Fenjal eingerieben. Damals war das ein vielbenütztes Deodorant, doch niemand in meiner Familie hat danach je wieder Lust verspürt, es zu verwenden. Gerüche und Düfte haben die Macht, Erinnerungen zu wecken.

Damit will ich nicht sagen, dass mir alle Duftwässerchen zuwider sind. Im Gegenteil. Unter den Arkaden von Locarno bin ich einmal ganz lange hinter einer anmutigen alten Dame hergelaufen, deren Duft mich so sehr anzog, dass ich ihr folgte wie dem Rattenfänger von Hameln.

Ich bin etwas abgeschweift, indem ich von Gerüchen sprach, die nicht Bestandteil meiner Heimat sind, sich aber mit ihnen vermischen und manchmal versuchen, sie zu übertünchen. Doch im Frühling, wenn sich die Bergflanken und Wäldchen am Ufer des *Ri grand*[1] mit dem Weiss der Robinien überziehen, dann regiert der Duft dieser Blüten

---

1 Rial grande = grosser Bergbach. Der Rial grande, Avegnos grösster Wildbach, fliesst von Ost nach West durch den Ort und teilt ihn in zwei Hälften.

über das ganze Dorf. Er ist süss, riecht nach Honig und Vanille, und bei Sonnenuntergang, wenn die Luft feucht wird, ist er so intensiv, dass man ihn fast schmecken kann.

Noch vor der Robinie blüht der Holunder. Sein Duft ist viel zurückhaltender, er riecht nach Gewürzen, und wenn du dich der Blütendolde näherst, bekommst du eine gelbe Nase, so viel Blütenstaub ist daran. Bald schon verwelkt auch der Flieder mit seinem ans 19. Jahrhundert erinnernden Duft. Jetzt scheint die Natur erschöpft zu sein und ruht sich aus. Doch nicht lange: denn Ende Mai oder Anfang Juni, wenn du im Dorf von Innenhof zu Innenhof gehst, dort, wo noch einige wenige hundertjährige Weinstöcke überlebt haben und die Häuserfassaden schmücken, riechst du den feinen und zarten Duft der blühenden Reben. In den offenen Rebbergen kannst du ihn fast nicht wahrnehmen, weil er sich im Wind verliert. Aber hier im Dorf, wo er sich mit dem charakteristischen Geruch schattiger Innenhöfe vermischt, da, wo Farn und Schimmel gedeihen, ist er wirklich einmalig: Es ist der Geruch der Häuser, der alten runden Pflastersteine, über die viele tausend Male jene gegangen sind, die vor uns da waren.

Nur wenig später im Jahr, wenn du abends zu Fuss über Wiesen und Felder gehst und plötzlich in ein Duftbad eintauchst, kannst du sicher sein, dass die Linden blühen. Ihre Blüten sind klein, unauffällig, aber betörend im Duft. Es ist das Aroma der hausgemachten *gazosa* (Limonade) oder von einem mit Honig gesüssten Absud.

Das fast heimlich blühende Geissblatt ergänzt das bereits reichhaltige Duftgemisch mit seiner Note. Es ist der Duft von Hecken, von alten Mäuerchen und verfallenden Ställen. Er ist kühl und riecht nach Apfelsaft. Er hat rein gar nichts Diskretes, sondern überwältigt dich, lädt dich ein, mit dem Gesicht ganz in die weiss-gelben Blümchen einzutauchen, um ihn ausgiebig zu geniessen.

Später dann, wenn die Bienen in den Bienenstöcken aufgeregt summen, blüht die Edelkastanie. Es ist schwirig, den Duft dieser so charakteristischen Blüten zu beschreiben, die mit ihren Pollen an flockige Bällchen erinnern. Zahlreich und blassgelb, hüllen sie die alten knorrigen Bäume in so schöne Mäntel, dass diese für einige Tage die Könige der Wälder sind. Wenn man an ihnen riecht, duften sie kaum, aber alle zusammen durchdringen sie die Luft mit einem schweren, ja feierlichen Duft, der sich in der Nähe von Bienenstöcken derart verstärkt, dass die Imker hingerissen ausrufen: »Die Bienen haben eine gute Ernte eingebracht!«

Die Natur hat mich mit einem Riechorgan ausgestattet, das trotz seines bescheidenen Ausmasses seine Aufgabe bestens erfüllt. Es hält mir das Brillengestell oben und schenkt mir zudem starke und präzise Geruchseindrücke, die mich mit Freude erfüllen. Frühling und Sommeranfang sind die eigentliche Duft-Zeit, doch auch die anderen Jahreszeiten mit ihren Gerüchen sind mir lieb.

Wie soll ich bloss den Geruch von taunassem Gras beschreiben, das an einem klaren Morgen gemäht wurde? Da riecht man Sauerampfer, Beifuss, Petersilie, Thymian und tausend andere Kräuter, die miteinander auf den Wiesen wachsen. Sobald sie verwelkt sind, verströmen sie einen leicht säuerlichen Geruch; gut getrocknet und im Heuschober aufgehäuft hingegen geben sie einem die duftende Gewissheit einer guten Ernte.

Im Sommer schwillt der Fluss nach Gewittern oftmals gewaltig an, und der Geruch von nasser Erde, von Schlamm, von auf den Felsen entrindeten Bäumen dringt, zusammen mit dem dumpfen Rumpeln des Geschiebes, bis zu meiner Terrasse vor, was in mir einen so lebhaften Eindruck erweckt, dass ich meine, das tosende Wasser komme unmittelbar hier durch, sozusagen vor meinen Augen.

Es gibt in dieser meiner Heimat unzählig viele Gerüche, doch da ist besonders einer, der die Sprungfeder der Erinnerungen schnellen lässt und mich in Zeiten katapultiert, da ich als kleines Mädchen mit meiner Grossmutter, den Schwestern und Cousins auf den Maiensässen war. Es ist der Geruch des Bergfarns. Gemäht und getrocknet wird Bergfarn als Streu für die Kühe verwendet. Sein Geruch ist stark, beissend und anders als alle anderen, erfüllt den ganzen Stall und überlagert fast jenen des Mists. Und er ist angenehm, angenehm wie der Geruch der weidenden Kühe mit ihrem vom Septembernebel feuchten Fell.

Ende September, wenn wir zurück ins Dorf kamen, wurden wir vom süssen und köstlichen Duft der reifen Trauben empfangen, die wir nicht nur mit den Augen assen, sondern auch mit der Nase – und erst dann mit dem Mund.

In der Schule lernte ich ein Gedicht von Carducci, in dem es, wenn ich mich richtig erinnere, unter anderem heisst:

E per le vie del Borgo
dal ribollir dei tini
va l'aspro odor dei vini
l'anime a rallegrar.

Und durch die Strassen des Dorfes
aus Bottichen, in denen es gärt,
geht der herbe Geruch der Weine
die Seelen zu erfreun.

Die Weinlese gab dem Herbst seinen vorherrschenden Geruch, und der vermischte sich mit dem Duft von über dem Feuer gerösteten Kastanien und von Äpfeln, die auf dem Stroh reifen, bis der Schnee kommt und seinen geruchlosen Geruch vorausschickt. Noch bevor er vom Himmel fiel, streckten die Alten nämlich die Nase in die Luft und sagten: »Ich rieche Schnee.«

Ich habe versucht von den Gerüchen meiner Heimat zu sprechen, aber ich sehe schon: Das Resultat ist anders, als ich erhofft hatte. Es ist schwierig, einen Duft zu beschreiben, da er formlos ist und unsichtbar; trotzdem ist er da. Und wir beachten ihn so selten!

Doch wenn eure Nase nun auf einer Bergwanderung hinter einem Felsblock etwas Anziehendes wittert, dann folgt der Fährte, und vielleicht werdet ihr Glück haben und einen Weissdornbusch mit seinem bitteren und gleichzeitig süssen Duft aufspüren. Bleibt stehen vor diesem Wunder der Natur, ohne es zu berühren, denn es könnte euch in die Finger stechen. Aber atmet es durch alle Poren ein.

Und so werdet ihr beim Weitergehen ebenfalls gut riechen.

Die Farben meiner Heimat

Ich habe den Märzwind immer geliebt.

Wenn ich mich als Kind von seinen heftigen Böen treiben liess, um ganz, ganz schnell rennen zu können, empfand ich stets ein tiefes Glücksgefühl. Heute schätze ich ihn ein bisschen weniger, auch weil er es in den letzten Tagen ziemlich übertreibt. Er bläst heftig und hört nie auf damit. Er schlägt wie ein Hammer gegen den hohen Giebel meines Hauses, verrückt mir die Dachziegel, lässt die Bleche des Hühnerstalls auffliegen, reisst gar einen Zeiger der Kirchturmuhr ab und lässt ihn auf das Kirchendach fallen. Wirbelt er wütend durch die Sandhaufen in der Nähe des Flusses, ist die ganze Umgebung in eine trübe Wolke gehüllt.

Wenn sich der Wind aber wieder legt, hinterlässt er eine solch reine Stimmung, dass das ganze Ungemach vergessen ist. Das Licht ist vollkommen, seine Leuchtkraft so stark, dass seltsame Schattenspiele entstehen. Die Farben werden derart hervorgehoben, dass sogar das Grau der Felsen warm wird.

Man könnte meinen, mein Land sei arm an Farben. Aber dem ist nicht so! Wenn ich im Winter den Berg hinter mir betrachte, sehe ich einen einzigen zerklüfteten Felsblock mit braunen oder gelben Flecken und Bändern. Diese werden von Büschen oder dürren Grashalmen gebildet, die sich auf dem bisschen Erde festgewurzelt haben. Vereinzelt sticht dazwischen ein kleines Immergrün wie eine seltene Blume hervor. Diese riesigen, felsigen Wände sind schön; keine Ecke gleicht der anderen. Die ganze Palette an Grautönen, vom hellsten zum dunkelsten, ist auf ihnen vorhanden, und sie sind von geraden oder gewellten Streifen durchzogen und durch Quarzstücke bereichert, die im Sonnenlicht glänzen. Sie verzaubern einen, und beim Betrachten entdeckt man immer neue Muster, immer neue Bilder.

Weiter oben, wo der Hang sanfter wird und wo einst die Wiesen waren, herrschen die Birken. Sie markieren das Gebiet mit ihren weissen und geraden Stämmen. Auch wenn hier um mich herum alles grau, alles erdfarben oder braun ist, so ist es doch keine abgestorbene Landschaft, sondern eine warme und beschützende.

Später, wenn die Spatzen einander auf den Dächern nachzujagen beginnen, verändert sich ganz langsam, wie durch Zauberhand, alles. Die Birken sind voller Knospen und werden silbern, die Salweiden bieten der wärmer werdenden Sonne ihre mit Blütenstaub beladenen Kätzchen an. Langsam, wenn es trocken ist, schneller, wenn es geregnet hat, vollzieht sich einmal mehr das Wunder der Wiedergeburt.

In meinem Dorf gibt es nicht viele Mimosen; sie können dem Winter nicht trotzen. Aber jene, die am Ufer des *Ri grand* wächst, dort wo die Grünabfälle hingeworfen wurden, ist gross und stark. Man hat ihr die untersten Äste abgerissen, aber hoch oben weht ein weicher goldener Busch, der einem Siegeszeichen gleicht.

Dringt man in den Wald vor, birgt jede Biegung eine Überraschung. Gleichzeitig wie die silbern gewordenen Birken blühen die wilden Kirschbäume. Sie sind zahlreich und heben sich von den noch kahlen Ästen der Kastanienbäume wie grosse und luftige Hochzeitskleider ab. Sie werden später nur kleine säuerliche oder süsse Früchte tragen, aber allein schon ihre Schönheit macht sie wertvoll.

In den Wiesen bilden Primeln goldene Kissen. Anemonen und weisse und lilafarbene Krokusse richten sich mutig im noch trockenen Gras auf. Dort, in der vom Wind geschützten Ecke, auf dem kleinen grünen Teppich seiner ineinander verflochtenen Ästchen, sieht man die wunderschöne *pervinca,* das Kleine Immergrün. Es ist nicht möglich, das magische Blauviolett dieser Blümchen zu beschreiben. Dichter und Romantiker erzählen von pervincablauen Augen. Solche habe ich nur einmal in meinem Leben gesehen. Sie fixierten mich von der anderen Seite eines Bankschalters, ich betrachtete sie mit offenem Mund und dürfte damit bei der Besitzerin dieser wundervollen Augen nicht den besten Eindruck hinterlassen haben.

Tag für Tag ist es, als explodiere die Natur. Dort, wo der Mensch eingegriffen hat, sind die Birnbäume voller Blüten, die von Weitem weiss-grün erscheinen, und die Pfirsichbäume sind in sämtliche Variationen von Rosa gekleidet. Nur wenig später stellen die Apfelbäume ihre weiss-rosafarbene, von Bienen umworbene Blütenpracht zur Schau. In den Gärten wetteifern Forsythien, Tulpen, Osterglocken, Kamelien, Magnolien, Azaleen, Glyzinien, der Flieder und viele andere mehr und brüsten sich mit ihren prächtigen Farben. Einmal mehr aber zahlt der Wald es allen heim und prunkt mit den stachligen Robinien, die sich mit Tausenden von weissen Blütentrauben schmücken, und später mit den Kastanienbäumen, die allen ihre überschäumenden, milchigen Blüten präsentieren. Wenn die Robinien ihre Blüten verlieren, sieht es auf den Waldwegen wie nach der Fronleichnamsprozession aus.

Unter keinen Umständen sollten wir uns etwas entgehen lassen, das wir Menschen in unserer Rolle als allgewaltige Herren kaum noch beachten, so selbstverständlich ist es für uns: ich meine die Verwandlung des Ginsters. Diese steifen, strengen Büsche, die ohne Koketterie sind und gar ohne den Schmuck der Blätter auskommen, lassen sich von der tausendfältig flirrenden Unruhe in der schon warmen Luft verführen und stellen dann aufrecht und stolz unzählige Ästchen voller goldgelber Blüten zur Schau. Das beginnt unten in der Ebene, zwischen den Steinen der Brachplätze, dann steigt es immer weiter hinauf und taucht die Berghänge in Gelb. Aus jeder Schlucht und jeder Felsspalte ragt ein blühender Busch und bezeugt, wie wenig der Ginster zum Leben braucht.

Noch bevor die Apfel- und Birnbäume in ihr Blumenkleid schlüpfen, noch bevor die Robinien blühen und lange schon bevor Ginster und Kastanien ihren Triumphzug antreten, verwandelt das Grün das Aussehen dieser kleinen Welt. Es beginnt auf den feuchteren Wiesen, an den geschützteren, vom Frost weniger versehrten Orten, um langsam, aber sicher die ganze Landschaft in Besitz zu nehmen. Die Ulmen, Pappeln und Weiden in den Auen tragen silbergrüne Spitzen. Die Birken haben ein neues Kleid, und mit ihren weissen Stämmen gleichen sie Kerzen mit hellgrüner Flamme.

Sogar auf dem rauen, steinigen Berg, zwischen den Felsen, die im Kontrast zum winterlichen Braun des Grases und der dürren Blätter noch dunkler erscheinen, sieht man die ersten grünen Pinselstriche. Die Natur macht keine halben Sachen; auch die letzten Spuren der kalten Jahreszeit werden verschwunden sein, wenn Abertausende kleiner Grashalme die tote Vegetation durchdringen und das Leben erneut triumphieren wird.

Die kleinen, sonnenähnlichen Blumen des Löwenzahns zieren die bereits in sattem Grün stehenden Wiesen der Ebene. Später werden die Margeriten und der Hahnenfuss spriessen und noch viele andere Blumen, bis das Gras, nun bereits hoch, mit seinen Ähren alles rötlich färbt. Der Sommer beginnt. Das Weiss und das Gelb der wilden Pflanzen verschwinden. In den Gärten, nahe den Mauern, zeigen sich die Rosen in ihrer ganzen königlichen Pracht, und die Geranien bereichern die Balkone. Rot herrscht nun vor. Das Rot, das in mir die Lust weckt, vor Glück zu lachen und alle zu umarmen, die an mir vorübergehen.

Nach und nach nehmen die Früchte an den Bäumen Farbe an. Kirschen, Pfirsiche und Aprikosen verstecken sich aus Angst vor den Wespen hinter den Blättern, und die Äpfel werden allmählich grösser. Der klare Fluss spiegelt das Hellblau des Himmels, und die Sonnenuntergänge gleichen riesigen Rosengärten.

Das Heu ist geschnitten. Auf den gleichmässig hellgrün gewordenen Feldern wächst das Gras wieder in die Höhe, und mit ihm spriessen neu und noch zahlreicher die Wiesenblumen. Die weissen Doldenblütler spielen sich als Herren auf, aber zusammen mit ihnen blühen die rosafarbene Schafgarbe, die violetten Glockenblumen, die weissen Margeriten, der hellblaue wilde Salbei, die weiss-gelbe unechte Kamille und andere Blumen, deren Namen ich nicht kenne. An den trockensten Orten vermischen sich die roten Wildnelken mit den stachligen Hundszahnlilien, die in Blau und Violett, mit einem Hauch von Pfirsichrosa erstrahlen, sodass jeder Fleck Erde zu einer farbenfrohen Überraschung wird. Und indessen erheben die Königskerzen ihre Arme, grossen Kandelabern gleich, gen Himmel.

In den ausgetrockneten Kiesbetten der Bäche, am Wegesrand und entlang des ganzen Flussufers erscheinen im Hochsommer Blumen, die ich fremd zu nennen wage, denn bestimmt gab es sie in meiner Kindheit noch nicht. Es sind grosse Büsche mit lanzenförmigen Blättern und zahlreichen Blütenrispen in sämtlichen Violetttönen. Ich betrachte sie immer mit Misstrauen, weil sie mir wie Eindringlinge vorkommen, die sich anmassend niedergelassen haben und unsere bescheidenen wilden Büsche demütigen.

Beim Durchlesen des bisher Geschriebenen könnte es scheinen, als würde es bei uns nie regnen. Natürlich stimmt das nicht, aber wenn das schöne und warme Wetter lange anhält, dann erlischt unsere Welt und erscheint nur noch in Grautönen. Die Blätter der Bäume werden staubig und welk. Auf den Wiesen bilden sich braune Flecken aus dürrem Gras. Dann aber kommt endlich der Regen, meistens in Form entsetzlicher Gewitter, die auf den durstigen Erdboden rauschende Mengen Wasser ausschütten, begleitet von Donnerschlägen, welche die Fensterscheiben erzittern lassen, und von Blitzen, die vom Himmel auf die Erde herabschiessen. Es ist schön, auf der Terrasse zu sitzen und, in einem grauen Kokon aus Wasser und Nebel eingeschlossen, zuzusehen, wie sich diese unbändigen Kräfte austoben. Sie lösen in mir Gefühle von Erstaunen und Begeisterung aus. Wenn es danach wieder aufheitert, ist das Land wie neu, gewaschen und erfrischt; die Farben sind noch glänzender als zuvor, und die Schatten des Waldes werden blau.

Die Tage vergehen, nach und nach schwindet die Wärme, und die Schatten werden länger. Die ersten Nebelschwaden erscheinen und künden den Herbst an. Das Grün der Bäume verblasst. Es scheint, als wolle die ganze Welt im Grau versinken, aber genau das Gegenteil ist der Fall. Es fällt mir schwer, zu beschreiben, was ich empfinde, wenn ich den Wald betrachte, jetzt, da seine Farben sich verändert haben. Seine Farbenpalette ist eine Pracht: Sie reicht vom kräftigen Grün der erhabenen Nadelbäume und jenem des leuchtenden, die Felsen hochkletternden Efeus über das lebhafte, ja grelle Rot der Ahorne und Eichen bis hin zum sanften Karamellton der dürren Kastanienblätter.

Der Herbst ist nicht traurig; im Gegenteil, er ist voll Erinnerung an die Sommersonne, die ihre Strahlen jenen wunderbaren goldenen Blättern geschenkt hat, die nun im Wind segeln. Dann, einem unveränderbaren Zyklus folgend, wird alles ruhiger. Wenn die violetten Trauben gelesen, die köstlich braunen Kastanien aufgesammelt und die rundlichen, orangefarbigen Kürbisse von der Wiese geholt sind, verbleibt die Landschaft in einem gelb-braunen Kleid der Ruhe.

Und so wird meine Heimat eine Zeit lang aussehen, bis schliesslich der Schnee kommt und alles wieder im Glanz eines neuen Zaubers erstrahlt.

Der Geschmack meiner Heimat

Jetzt will ich darüber reden, wie meine Heimat schmeckt.

Das heisst über die Köstlichkeiten von einst und auch von heute, denn die Früchte der Erde sind immer dieselben, man muss sie nur zu finden wissen. Es ist Mode, über den Geschmack einheimischer Speisen zu diskutieren, die immer begehrter werden. Es sind die kräftigen und gehaltvollen Aromen von Wurstwaren, Käse und Wein, ich aber möchte an die kleinen, unvergesslichen Genüsse erinnern, die jenen zuteil werden, die in Verbindung mit der Natur leben.

Heute, am Ende des Winters, habe ich Ofenkürbis gegessen, leicht gesalzen und mit etwas Rahm verfeinert; dazu Kastanien, die lange auf dem Holzherd geköchelt haben. Und ihr könnt mir glauben: Es war köstlich. Das Kürbisstück hatte ich aus dem grossen Kürbis geschnitten – aussen rot, innen gelb –, der draussen auf dem Erdhaufen in der Wiese gereift war. Die Kastanien hatte ich auf dem Rost draussen auf der Terrasse getrocknet, wo sie vom Wind und vom Frost süss wie Biskuits geworden waren. Der Rahm stammte zwar aus Ritas Laden, aber auch er hatte diesen köstlichen Geschmack, der selbst die einfachsten Speisen verfeinert.

Wenn im Frühling die Primeln schüchtern ihre Köpfchen aus dem noch dürren Gras streckten, waren wir Kinder zur Stelle, um ihre Blüten zu essen und den zuckersüssen Tropfen zuunterst im Kelch zu geniessen. Wir nahmen so den Platz der Bienen ein, die sich noch nicht nach draussen wagten.

Und wie könnte ich die ersten Sauerampfer vergessen, die so sauer und saftig waren, dass nur schon der Gedanke daran mir das Wasser im Mund zusammenlaufen lässt? Wir Mädchen hatten stets eine Tüte Salz dabei, und die mit der saubersten Schürze setzte sich auf den Boden, breitete sie auf den Knien aus, während die anderen Tischgenossinnen das Essen auf der Wiese suchten. Es war März, der Himmel klar, es windete, und der Frühling breitete sein farbenprächtiges Gewand über der Welt aus.

Hatten wir genügend Sauerampfer gesammelt, wurden die zarten Blätter in der als Schale dienenden Schürze zerstückelt, mit etwas Salz gewürzt, und jede griff zu, bis das improvisierte Gefäss leer war. Noch heute esse ich ab und zu eines dieser Blätter, allerdings ohne Salz, denn ich habe nicht mehr die Angewohnheit, es bei mir zu tragen. Noch bevor die ersten Sauerampfer pflückbereit sind, spriesst da und dort, vor allem wo der Boden weniger trocken ist, der Löwenzahn, auch Wildsalat genannt. Ganz fein geschnitten und mit hart gekochten Eiern vermischt, ergeben seine zarten Blätter einen einzigartigen Salat.

Beim Spazieren zwischen den Bäumen in Waldnähe kann man ein Blümchen finden, das kaum sichtbar ist, so gut versteckt es sich zwischen seinen eigenen Blättern. Dieses Kraut, *pan e vin* (Sauerklee) genannt, hat einen angenehm säuerlichen Geschmack. Ist das Gartengemüse aufgebraucht, das während des Winters mit einem Schutzdach aus Ginsterzweigen zugedeckt war, pflückt man auf den Wiesen wilde Kräuter und Brennnesselspitzen, um die Reissuppe zu verfeinern.

Dann wird es wärmer, und die Wiesen werden grüner, das Gras wächst, wie es soll. An etwas geschützteren Orten erscheinen die ersten wilden Erdbeeren. Wir Kinder kannten all die Stellen, wo sie am üppigsten gediehen. Das Obst war schon lange ausgegangen, und auch die im Stroh gelagerten Äpfel waren gegessen. Vielleicht schmecken die frisch gepflückten, roten und duftenden süssen Erdbeeren deshalb so gut!

Mir kommt es vor, ich sähe sie noch vor mir, meine Hand und die meiner Freundin (beide nicht allzu sauber), voll schönster Erdbeeren, die wir an einem nur uns bekannten Ort gefunden hatten und nun dem »Herrn Lehrer« zum Namenstag entgegenstreckten. An seine Reaktion auf unsere klebrige Gabe kann ich mich nicht mehr erinnern, für uns aber war es ein sehr bedeutendes Geschenk.

Alle Kinder lieben Süsses, und wir waren mehr als gierig danach, weil Süssigkeiten eine Rarität waren. Aus diesem Grund suchten wir auch den kleinen Farn, der zwischen den Steinen feuchter Mauern wächst, dort, wo auch Moos sich wohlfühlt. Dieses Pflänzchen hat eine lange, schwarze, knorrige Wurzel. Sie ist süss, und beim Kauen entwickelt sich ein spezieller Geschmack, sodass sie gemeinhin Lakritze genannt wird.

Mir fällt auf, dass ich beim Erzählen über die Geschmacksvielfalt gerne in die Vergangenheit zurückkehre. Ich glaube, das liegt daran, dass ich all diese feinen Sachen zuerst als Kind und später als Jugendliche entdeckt habe. Vor dem Zweiten Weltkrieg war Sparen eine Notwendigkeit, und so fanden sich Früchte und Süssigkeiten nie auf dem Einkaufszettel. Während des Krieges dann war alles Essbare recht, um unsere Mägen zu füllen, und wir entdeckten einst alltäglich gewesene Nahrungsmittel, die in Vergessenheit geraten waren. Dies war zum Beispiel bei den *miasc* der Fall, hauchdünnen Fladen, die aus einem Teig aus Wasser, Weiss- und Maismehl gemacht und dann auf einer Steinplatte über dem Feuer gebacken wurden. Mit etwas Butter und Salz schmeckten sie köstlich, noch besser mit fein geschnittenem Speck und Knoblauch. Kamen aber Milch, Eier und eine Prise Salz dazu, entstand ein flüssiger Teig, der, löffelweise in Butter ausgebacken, Küchlein ergab. Mit Zucker bestäubt und noch warm und knusprig gegessen, machten sie das Leben zum Fest. Auch die weissen Blütentrauben der Robinie tauchte man in flüssigen Teig und buk sie auf dieselbe Weise aus. Beim Essen füllte sich einem der Mund mit dem ihnen eigenen Duft.

Zu Beginn des Sommers, wenn die Sonne bereits schön wärmt, ist Kirschenzeit. Zuerst werden die Sauerkirschen reif, dann die hellen, festen, *galinfion*[1] genannten, die schön knackig sind, und danach alle anderen: die roten, die schwarzen und auch die wilden, mit mehr Stein als Fleisch, aber süss und schmackhaft. Entlang der Mauern und an trockenen Orten reifen zu einer bestimmten Zeit des Sommers die Brombeeren; es gibt die gute und süsse, nach Ameisensäure riechende Brombeere, und es gibt die andere, seltenere, weniger dunkle, aber saurere, Pferdebeere genannte Brombeere, die nicht so gut schmeckt.

Einmal – wahrscheinlich half mir meine Mama dabei – pflückte ich so viele süsse und wohlriechende Brombeeren, dass sie einen ganzen Eimer füllten. Die Tante nahm mich nach Locarno auf den Markt mit, damit ich sie verkaufen konnte. Ich hatte schon tausend Pläne geschmiedet, wofür ich das verdiente Geld ausgeben würde, aber oh weh, niemand wollte meine Brombeeren kaufen. Langsam begann ich mich zu schämen; ich fühlte mich wie eine Bettlerin, die inmitten lauthals ihre Waren feilbietender Menschen stumm um eine milde Gabe bat. Endlich gelang es der Tante, meine Brombeeren zu verkaufen, und ihr könnt mir glauben, dass dies der am härtesten verdiente Fünfliber meines Lebens war.

1 Entspricht der Duronikirsche. (A.d.Ü.)

Uns Kindern war damals eine bestimmte Baumsorte ganz wichtig: Es waren die Maulbeerbäume. Auf unseren Feldern standen sie recht zahlreich, und vermutlich waren das die Überreste der Pflanzungen, deren Blätter einst zur Fütterung der Seidenraupen verwendet worden waren. Sie trugen süsse Früchte im Überfluss. In ihrem Äusseren ähneln sie den Brombeeren (und werden vielleicht deshalb *moron*[2] genannt). Ihre violetten oder durchsichtig-weissen Früchte schmeckten uns Kindern ebenso gut wie den Vögeln. Die Erwachsenen interessierten sich nicht dafür, weil sie kurz nach dem Pflücken verdarben, aber wir behielten sie im Auge, und sobald als möglich füllten wir uns im Wettstreit mit Amseln und Eichelhähern damit die Mägen.

Im Hochsommer, wenn es in die Berge ging, waren da die wilden Himbeeren, und ihr Wohlgeruch war derart intensiv, dass die Hände noch lange nach dem Pflücken nach ihnen dufteten.

Eine andere geschmackliche Besonderheit war das Kraut, das die Grossmutter uns sammeln hiess, um die Spiegeleier zu würzen, oder auch der wilde Spinat, den wir in den Bergen pflückten, um die Reissuppe abzuschmecken.

Die Berge sind wirklich eine grosszügige Quelle von allerhand Köstlichkeiten: Neben Himbeeren, »Eierkräutern«

---

2 Die italienische Bezeichnung der Brombeere ist »mora« – der lateinische Name des Maulbeerbaumes lautet »morus«. (A.d.Ü.)

und wildem Spinat schenken sie uns die süssen Heidelbeeren, die sauren Bärentrauben, die haarigen Hagebutten, die wohlriechenden Beeren des Wacholders, die kleinen Bucheckern und die grünen Kiefernschösslinge, die an Hustensirup erinnern, und schliesslich die frische Minze und den guten Thymian für den Tee.

Ein wahrhaft königlicher und allseits gepriesener Genuss aber – der blosse Duft lässt einen schon frohlocken – sind frische, in Butter und mit Knoblauch gebratene Pilze, die man zur Polenta isst. Der Herbst ist die Saison der kräftigen Aromen. Die Äpfel und Birnen des Sommers sind schon gegessen, jetzt sind die grünen oder dunkelvioletten, Zucker schwitzenden Feigen reif. Die Baum- und Haselnüsse sind bereits in der Speisekammer für den Winter, während aus den Trauben Wein wird, der den Durst stillt, und Grappa, um den Kaffee zu parfümieren.

Und zu den schon kalt gewordenen Abenden, zum Winteranfang wird der zauberhafte, unverwechselbare Geschmack der über dem offenen Feuer gerösteten Kastanien gehören. Nur das Aroma und der Duft der Birnen, Äpfel und Mispeln, die im Stroh nachreifen, werden dann noch an die strahlenden Tage voller Sonnenschein erinnern.

Die Arbeiten

In diesem Kapitel spielen die Arbeiten die Hauptrolle, und jene, die sie verrichteten, sind lediglich Randfiguren.

Wie zum Teil auch heute noch wurde das Bauernleben vom Rhythmus der Jahreszeiten bestimmt, und Sprichworte und Volksweisheiten gaben den Takt an. Man schaute nicht auf den Kalender, um zu wissen, wann es Winter, Frühling, Sommer oder Herbst war.

Der Frühling begann, wenn die ersten Primeln sprossen und der Raureif den Boden nicht mehr gefrieren liess. Dann fingen die Leute, fast als ob sie einem Ruf oder einer inneren Eingebung folgten, mit der Arbeit auf den Feldern an. Eine der ersten Arbeiten war das Beschneiden der Weinstöcke. Theoretisch könnte man die Reben auch im Winter während der kurzen, sonnigen und schneefreien Tage beschneiden, aber wenn dann die Temperaturen nachts unter null sinken, bildet sich an der Schnittstelle, die »weint«, ein Eiszapfen, und dies tut der Pflanze nicht gut.

Nachdem die Bündel aus Weidenruten gemacht waren, gingen Frauen und Männer daran, die Reben zu beschneiden und hochzubinden. Die Männer ersetzten die morsch gewordenen Pfosten, die Frauen und Kinder lasen die abgeschnittenen Rebensprossen auf und banden sie zu Bündeln zusammen, die sie in die Kräze packten und ins Trockene brachten, damit man sie später, wenn sie dürr waren, zum Anfeuern verwenden konnte. Die Kinder eigneten sich für diese Arbeit gut, und ich weiss aus eigener Erfahrung, wie mühsam es war, den ganzen Tag lang Sprossen zusammenzulesen, und wie pedantisch die Erwachsenen unsere Arbeit bemängelten.

Nach dem Beschneiden der Reben ging es ans *mondaa* (Reinigen der Wiesen). Das war eine Teamarbeit. Mit einem Rechen – je stumpfer die Zinken, desto besser ging es – wurden Laub, Mistreste und Zweige zusammengescharrt und an einer Stelle angehäuft, meistens in der Nähe einer Mauer. Auf diesen Abfallhaufen leerte man dann noch ein paar Kräzen voll Mist und etwas Erde und pflanzte schliesslich Kürbisse darauf.

Die unbeliebteste Arbeit beim Reinigen der Wiesen war es, die Hügel einzuebnen, die die Maulwürfe aufgeworfen hatten. Diese Tierchen hatten Herbst und Winter damit verbracht, Tunnels zu graben, und dabei die für sie typischen Erdhaufen hinterlassen. Diese waren immer voller Steinchen, die man einzeln herauslesen, in den an der Hüfte befestigten Sack stecken und dann ausserhalb des Feldes ausleeren musste. Und es waren immer so viele Steinchen!

Da wir Kinder, wie es hiess, »gute« Augen hätten, war es unsere Aufgabe, genau zu kontrollieren, dass auch ja keine Steine mehr auf den Wiesen waren. Diese Arbeit kam uns zwar als überflüssig vor, war aber doch nötig, um zu verhindern, dass die *ranze* (Sensen), mit denen man von Hand das Gras mähte, an zu vielen Steinchen rasch stumpf wurden und man sie deshalb wieder dengeln, das heisst nachschärfen musste. Ich kann euch sagen, es gab Wiesen, allen voran diejenigen von *Luca,* die waren so sauber und glatt, dass man darauf hätte essen können. Wenn die Arbeit uns eine Pause erlaubte, nutzten wir Kinder sie aus, um die ersten zarten Blätter des Sauerampfers zu pflücken. Sie waren frisch und saftig und, mit etwas Salz bestreut, schmeckten sie nach Frühling.

Waren die Wiesen gereinigt und die Brombeersträucher, die zwischen den Mauern hervorwuchsen, zurückgeschnitten, galt es, die Gärten umzugraben und die Felder zu pflügen. Wir Kinder mussten hier nicht mithelfen, denn für diese Arbeit brauchte es viel Kraft, und zudem musste sie perfekt ausgeführt sein, damit die Erde danach schön locker und weich war.

Gemäss dem sogenannten Plan Wahlen musste während des Zweiten Weltkrieges jede Familie genügend Kartoffeln und Mais für die Selbstversorgung anbauen. Zum ersten Mal sah ich da einen von Pferden gezogenen Pflug. Damit war die Arbeit, wie uns schien, aussergewöhnlich schnell getan, aber auch verblüffend schlecht; denn die Erdschollen waren nur unvollständig gewendet und überall schauten Grasbüschel hervor. Es war ein beträchtlicher Aufwand, den Boden danach sorgfältig zu ebnen.

Ausgesät wurde von Hand. Zu meiner Zeit pflanzte man nur Kartoffeln und Mais an. Meine Grossmutter erzählte mir, dass früher auch Roggen und Weizen angebaut wurden, aber dass beim Weizen der Ertrag nur selten gut war.

Ich habe den Plan Wahlen bereits erwähnt. Wie oft haben wir diesen Unbekannten verwünscht, der uns zwang, uns auf unseren kargen Böden derart abzurackern! Man muss aber anerkennen, dass es uns dank diesem Herrn gelungen ist, während der fünf langen Jahre der Lebensmittelrationierung satt zu werden. Der Anbau war Pflicht und wurde durch einen Beamten, der uns Kinder in Angst und Schrecken versetzte, auch streng kontrolliert. Er hiess Agostino Simona und hatte den Übernamen *Bau di chimp* (Schrecken der Felder, Vogelscheuche). Die Erwachsenen sagten zu uns: »Ihr müsst gut arbeiten, das Gras ausreissen und tief hacken, sonst büsst uns der *Bau di chimp*.« Und wir bückten uns auf den Feldern, blickten nur ab und zu verstohlen auf, weil Herr Simona die Angewohnheit hatte, sich hinter einem Mäuerchen oder zwischen den Bäumen zu verstecken, um dann unversehens aufzutauchen, wie ein bösartiges Insekt, das uns strafen wollte.

Bevor man die Felder umpflügte, mussten die Gärten bestellt werden. Gemüsesorten gab es nur wenige: Schnittsalat, Zichorie, Petersilie, Basilikum, Lauch, diverse Kohlsorten, Karotten, mehrjährigen Spinat und Bohnen. Die Bohnen waren wichtig; enthülst und getrocknet waren sie im Winter eine vorzügliche Proteinquelle. Die Alten sagten, die Bohnen seien das Fleisch der Armen. Setzlinge wurden nie gekauft, und auch Saatgut zogen die Bauern, denen die Gärten gehörten, meistens selbst, wobei diese heikle Aufgabe den Frauen zufiel.

Arbeit gab es immer. Bei Frühlingsbeginn kamen die Zicklein zur Welt; vor Ostern waren sie gefragt, und man konnte sie gut verkaufen, danach aber wollte sie niemand mehr haben. Ich weiss noch, dass ich im Jahr 1945 Zicklein für zehn oder auch nur fünf Franken pro Stück verkauft habe.

Die Ziegen trieb man zu den unteren Maiensässen, und sobald wir dazu fähig waren, kümmerten wir Mädchen uns um sie. Wir mussten uns Grundkenntnisse in Aufzucht und Tiermedizin aneignen. Ich erinnere mich an ein Zicklein, das nicht saugen konnte und die ganze Zeit verzweifelt jammerte. Ich konnte sein Klagen nicht mehr ertragen und musste meinen ganzen Mut zusammennehmen, um es zu töten. Ich habe es untersucht: Seine Blase war so voll, dass sie wohl in Kürze geplatzt wäre. Was ich hatte tun müssen, erschütterte mich, aber dieses Zicklein hätte sonst nur bis zum sicheren Tod weitergelitten.

Ein anderes Mal hatten meine Cousine und ich einer Ziege beim Gebären geholfen und stellten dann fest, dass das Tier die »Mutter abstiess«, das heisst an einem Gebärmuttervorfall litt. Mit einem komplizierten Aufhängesystem von Seilen, die an der Stalldecke befestigt waren, hoben wir den hinteren Teil des armen Tiers an und liessen es die ganze Nacht so hängen. Als wir am nächsten Tag wieder zu den Ziegen hinaufgingen, wagten wir kaum, die Stalltüre zu öffnen, denn wir waren sicher, die Ziege tot vorzufinden. Zum Glück hatten die Seile nachgegeben, und ruhig wiederkäuend empfing uns das Tier. Nicht die Gebärmutter war herausgekommen, sondern ganz einfach die etwas entzündete Nachgeburt. Von da an liessen wir der Natur ihren Lauf, ohne uns unnötig zu sorgen.

Ab April weideten die Ziegen frei, und wir gingen täglich zu ihnen, um sie zu melken und die Milch in kleinen Eimern und Brenten nach Hause zu tragen.

Der April machte seinem sprichwörtlichen Ruf alle Ehre, und so kamen wir oft nass bis auf die Haut im Tal an, mit Armen, die vom Eimertragen schmerzten (wer weiss, vielleicht habe ich deshalb so lange Arme).

Man könnte nun glauben, wir hätten, wenn eine Arbeit erledigt war, jeweils die Arme verschränkt, um für einen Augenblick zu verschnaufen. Aber dem war nicht so; es gab immer etwas zu tun, und eine Arbeit folgte auf die andere, ohne Pause.

Eines muss ich aber sagen: Auch wenn man keine Zeit verlieren durfte, um immer alles erledigen zu können, war der Sonntag heilig. Da hatte man sich jeder Arbeit zu enthalten, und das galt auch für die Frauen: Sie nähten nicht, spannen nicht, wuschen nicht und bestellten auch nicht den Garten.

Onkel Ottavio pflegte zu sagen, am Sonntag getane Arbeit mache die der ganzen Woche zunichte. Ausnahmen wurden nur während der Heuernte zugestanden: Wenn geschnittenes Gras auf der Wiese lag und ein Gewitter drohte, enthob der Pfarrer die Gläubigen am Ende der Messe von der sonntäglichen Ruhepflicht, damit die Ernte nicht verdarb.

Ich habe soeben die Heuernte erwähnt. Das war die wichtigste Arbeit des ganzen Bauernjahres, und man pflegte zu sagen, dass ein guter Bauer die *ranza* im Mai ergriff und erst im Oktober wieder aus der Hand legte.

Jeder Mäher hütete seine *ranza* eifersüchtig und lieh sie nie aus. Es hiess, »sie« schneide nicht mehr, wenn sie von jemand anderem gedengelt und mit dem Wetzstein geschliffen worden sei. Und das stimmte. Ich habe meine Sense versuchsweise ausgeliehen, und als ich sie danach wieder in die Hand nahm, war sie nicht mehr dieselbe. Alle hatten ihre ganz persönliche Art, zu dengeln, das Schneideblatt am Stiel zu befestigen (offen oder geschlossen) und vor allem mit dem Wetzstein zu schärfen.

Frauen wie Männer standen morgens um vier Uhr auf, denn taufeuchtes Gras liess sich leichter mähen. Wir schnitten, bis die Grossmütter oder die Kinder das Frühstück brachten. Nach der Essenspause wurde die Sense gedengelt oder ausgewechselt, und weiter ging es bis zum Mittag.

Sobald die Sonne den Boden etwas getrocknet hatte, machten sich Kinder und ältere Leute daran, das gemähte

Gras zu verzetteln. Diese Arbeit musste mit grosser Sorgfalt ausgeführt werden, und wenn man hinter sich blickte, musste die Wiese ganz eben erscheinen, ohne dass irgendwo ein Buckel das Bild störte.

Nach dem Mittagessen machten jene, die um vier Uhr aufgestanden waren, ein Nickerchen, und danach ging es ans Heuwenden, wobei zuerst der Schnitt vom Vortag an die Reihe kam. Auch hier gab es klare Regeln: Man musste das trocknende Gras so wenden, dass davon so viel wie nur möglich der Sonne zugekehrt war.

War das Wetter schön und der Tag noch lang, ruhten wir uns nach dem Wenden etwas aus und sammelten dann das Heu vom Vortag ein. Hier waren Frauen und Kinder gefragt; denn sie mussten die mit duftendem Heu prall gefüllten Tücher tragen oder die bis obenauf vollgestopften Heukörbe mit den weit auseinanderstehenden Rippen. Hatten sie das Heu eingetragen, kehrten die Frauen aufs Feld zurück, um das am Morgen geschnittene Gras zu Haufen zusammenzurechen. Alles musste vor Sonnenuntergang erledigt sein, denn die Abendluft würde das Heu feucht werden lassen.

Nach einer Essenspause brachten die Männer ihre Arbeitsgeräte wieder in Ordnung und mähten weiter. Bevor die Nacht hereinbrach, machte jeder seine *ranza* für den nächsten Tag bereit. In jedem Bauernhaus stand im Innenhof ein Holzstrunk oder ein Granitblock, auf dem ein Amboss befestigt war. Der Mäher löste das Sensenblatt vom Griff, wo es mit Ring und Keil befestigt war, legte die Schneide auf den Amboss und schärfte sie mit genauen, rhythmischen Schlägen.

Jeder Schlag unterschied sich im Ton von den anderen Schlägen, je nach Holzstrunk, Ambosslänge und Beschaffenheit des Metalls, und trug doch zu dem einheitlichen Rhythmus bei, der *da caraa in caraa* (von Gasse zu Gasse) erklang, zu jener unverwechselbaren Musik, die mit dem Eindunkeln allmählich verhallte. Die Frauen besorgten die Tiere, sofern sie noch welche im Stall hatten, und bereiteten das Nachtessen zu; die Mädchen gingen die Ziegen melken, und wenn noch Zeit blieb, rissen sie in den Gärten Unkraut aus. Am Abend, das könnt ihr mir glauben, hatten alle nur noch einen Wunsch: ausruhen.

Dieser Arbeitsrhythmus hielt während des ganzen Sommers und Herbstes so an. Zuerst wurde auf den unteren Maiensässen geheut, dann auf den Bergen, und zuletzt war das Wildheu an der Reihe. Auf den Heuet folgte das Emd, und dann, wenn die Tage schon kürzer und die Schatten länger wurden, gab es einen dritten Schnitt. Diesen auf den Feldern draussen trocknen zu lassen, war schwierig. Man breitete deshalb das Gras auf den Terrassen oder den Dachböden aus oder verfütterte es an die Kühe, die bereits von der Alp zurück waren.

Zum Glück hatte Mutter Natur Mitleid mit diesen armen Menschen, die sich so sehr abmühten. Sie liess es dann ein paar Tage lang regnen, damit sie eine Atempause machen konnten. Der Sommerregen ist angenehm; die nasse Erde hat einen besonderen Duft, und die durstigen Wiesen schlucken das Wasser, das dafür sorgt, dass das noch stehende Gras schön grün bleibt und das nachwachsende hoch und üppig gedeiht.

Natürlich gab es bei der Arbeit auf dem Feld auch Freuden. Eine davon, vielleicht die grösste, waren die Kirschen. Rot oder schwarz, zuckersüss oder säuerlich – Gross und Klein füllte sich damit Mund und Bauch. Die Erwachsenen sagten während der Arbeitspausen: »Bringt uns ein paar Kirschen.« Und die Kinder kletterten überglücklich auf die Bäume, die fast überall wuchsen, rissen mit Früchten behangene Zweige ab und warfen sie hinunter.

Ich erinnere mich, wie ich einmal auf einen Kirschbaum in der Nähe des Flusses geklettert bin, auf einen alten Baum mit sehr süssen, schwarzen Früchten. Unten warteten die Cousins auf die Kirschen. Was dann geschah, weiss ich nicht; vielleicht war der Ast, auf dem ich stand, halb verdorrt, Tatsache ist, dass ich plötzlich den Halt verlor und fiel. Zum Glück war unten Sand, aber da ich doch aus ein paar Metern Höhe gestürzt war, wurde ich ohnmächtig.

Als ich schliesslich begriff, wo ich war, war niemand mehr da. Mit Mühe und Not kehrte ich zu den anderen zurück. Mein Cousin kam mir entgegen und fragte mich mit vor Verwunderung weit aufgerissenen Augen: »Bist du denn nicht tot? Wir dachten alle, du seist tot, und wussten nicht, wie wir es deiner Mutter sagen sollten, denn wir hatten Angst, es werde Schläge absetzen.« Niemand sprach mehr über das Geschehene, und dabei blieb es.

Es gibt Leute, die den alten Zeiten nachtrauern, aber nach einem solch harten Leben, vor allem für Frauen und Alte, kann man sich eigentlich gar nicht zurücksehnen. Sobald sie dazu fähig waren, wurden auch die Kinder eingesetzt, für Arbeiten, die ihre Kräfte manchmal weit überstiegen.

In unserer Familie waren nur Frauen, und als ich 12 oder 13 Jahre alt war, drückte man mir die *ranza* in die Hand und sagte: »Da, lern es!« Luca war mein Lehrmeister, und er war der kleinlichste und genaueste, aber auch der beste Mäher des Dorfes. Seine Wiesen sahen aus, als hätte er das Gras mit der Haarschneidemaschine gemäht. Kein einziger Halm stand mehr, wo er mit seiner Sense gewirkt hatte. Seine Frau, die *Ghidaza* (Taufpatin) Luisina, folgte ihm, um das Gras zu verzetteln und um nachzusicheln. Die *medola* oder Sichel war ein typisches Frauenwerkzeug. Alle Frauen trugen sie bei sich, den Griff zwischen den Bändeln der auf dem Rücken zugeknoteten Schürze eingeklemmt. Wenn der Mäher mit seiner Arbeit fertig war, schnitt seine Frau oder Mutter mit der *medola* die Büschel ab, die am Fuss von Mauern, um Steine und Bäume herum stehen geblieben waren. Das Heu war für die Bauern so wichtig, dass kein Hälmchen zurückgelassen wurde.

Es fällt einem wie gesagt schwer, diesem Leben nachzutrauern, aber um ehrlich zu sein, auch ich sehne mich ein wenig nach ihm zurück. Wir arbeiteten alle gemeinsam, und auf den Feldern drängten sich die Leute wie auf einem Marktplatz. Die Flurbereinigung hatte noch nicht stattgefunden, und darum waren die einzelnen Parzellen lang und schmal, oft nicht breiter als zwei Meter. Wir arbeiteten sozusagen Ellbogen an Ellbogen, und wehe, einer mähte, und sei es unabsichtlich, jenseits der Grenze im Feld des anderen! Dann gab es lautstarke Beschwerden, und er musste alles zurückgeben, was ihm nicht gehörte.

Das Schöne an dieser Arbeit war das Zusammensein, und auch beim Rechen plauderten wir ununterbrochen. Für uns Kinder war da viel Platz für allerlei Spiele und Streiche. Eine Erinnerung: Wenn wir bei Sonnenaufgang Battista trafen, sagte einer von uns: »Battista, was für ein Insekt habt Ihr da auf Eurem Hut?« Er nahm seine Kopfbedeckung ab, um nachzusehen, und wir schrieen im Chor: »Bravo Battista!« Dann zeigten wir auf die aufgehende Sonne, sagten: »Ihr habt soeben die Mutter der Zerlumpten gegrüsst!«[1], lachten wie blöd und rannten davon. (Es war der gleiche Battista, der beim Dengeln der Sense

---

1 Menschen mit wenig oder schlechten Kleidern haben gemäss Volksglauben die Sonne zur Freundin.

»Tac tic, tac tic, *sempar pover e mai ric,* immer arm und nie reich« vor sich hin zu singen pflegte.)

Im Tal unten heuen, in den Bergen oben heuen, ins Wildheu gehen, so lief es den ganzen Sommer und den grössten Teil des Herbstes hindurch. Nebenbei musste auf den Feldern auch noch das Unkraut gejätet werden. Das tat man an bewölkten Tagen, wenn es zum Mähen zu riskant war.

Im August gings immer auch zur *Faèda*[2] hinauf, um die Schafe zu scheren. Gewisse Frauen waren beim Einfangen dieser halbwilden Tiere unglaublich geschickt. Ein bisschen Salz in der einen Hand, ein kurzer Blick, um *la noda* (Markierung) zu prüfen, eine blitzschnelle Bewegung mit der anderen Hand – und schon war das Schaf gefangen. Das Tier wehrte sich und brachte die Frau, die es festhielt, manchmal zu Fall, aber es gelang ihm nicht mehr zu entwischen, und es wurde fachgerecht geschoren. Auch wir Mädchen mussten lernen, wie man schert, doch die armen Schafe, wie oft haben wir sie geschnitten!

Der Herbst war Erntezeit. Das Sprichwort besagt: »Was ihr säet, das erntet ihr.« So ist es aber nicht immer. Wenn das Wetter nicht mitspielt, bleibt wenig Hoffnung auf eine gute Ernte.

Trockenheit, zu viel Regen, später Raureif, Hagel, dies alles konnte die Anstrengungen eines ganzen Arbeitsjahres

---

2 Alpe Faeda.

beeinträchtigen. Die Bauern konnten erst beruhigt sein, wenn alles unter Dach und Fach war.

Die Maiskolben wurden auf den Balkonen gegen die Wand gehängt, die Kartoffeln in den Grotti in Holzkisten gefüllt, und dann war es Zeit für die Traubenernte, auch dies eine bedeutende Arbeit. Das Keltern war Männersache. Die Männer hatten die Reben beschnitten, sie mit Grünspan behandelt, die überflüssigen Äste abgeschnitten, damit die Trauben mehr Sonne bekamen, und ihnen stand es daher zu, zu keltern. Sie kontrollierten die Gärung, füllten den neuen Wein in die Fässer um, pressten den Trester und destillierten im kupfernen Kolben den kostbaren Grappa. Die Frauen durften lediglich die Trauben ernten und so sauber verlesen, dass keine einzige faule Beere im Bottich landete.

Zuletzt wurden die Kastanien geerntet. Es war eine Geduldsarbeit, aber sie war wichtig. Zu meiner Zeit waren die Kastanien schon nicht mehr so unentbehrlich für die Ernährung, aber wie hätten unsere Vorfahren ihre kinderreichen Familien ohne Kastanien durchgebracht?

Beim ersten Frost endete die Arbeit auf Feldern und Wiesen. Bevor es zu schneien begann, musste noch die Streu für die Kuhställe eingebracht werden. Wenn der Schnee auf sich warten liess, hatte man Zeit, um Brennholz für das kommende Jahr zu schneiden. Und zu guter Letzt war da auch noch der Mist: Frauen und Kinder trugen ihn in ihren Kräzen auf die Wiesen hinaus und verteilten ihn.

Zu den Wiesen bei den *Madonne* konnte man ihn mit der zweirädrigen Karre bringen. Fast jede Familie besass eine, und wer keine hatte, lieh sie sich aus. Sie war aus Holz, schwer und gross, mit zwei riesigen metallbereiften Holzrädern und einer Hebelbremse, die von der Person, die hinter der Karre herging, betätigt wurde. Der Lenker ergriff die beiden Stangen und schlüpfte mit dem Arm bis zur Schulter in die Seilschlaufe, die vorne am Wagen befestigt war. Ging es bergauf, stand man auf die Fussspitzen und zog wie ein Maultier. Ging es bergab, stemmte man die Fersen gegen den Boden und hoffte, dass der Hintermann genügend bremste.

Die Arbeit mit diesem Transportmittel verglichen die Alten mit dem Eheleben. Sie sagten: »*Se la strada la monta, mi tiri e ti ponta, se la strada a l'è piana, dai ch'a nem ben Mariana e se la strada la va in sgiü, a saltom sü tüt düü.* (Wenn die Strasse bergauf führt, ziehe ich und du schiebst, wenn die Strasse eben ist, geht es uns gut, Mariana, und wenn die Strasse bergab geht, steigen wir beide auf.)« Für gewöhnlich zog der Mann, und die Frau beugte sich vornüber und schob. Dabei rutschten der Rock und die zahlreichen Unterröcke, die sonst bis zur Wadenmitte reichten, nach oben und entblössten die *sofregia* (Kniekehle). Ich sehe ihn noch vor mir, diesen rundlichen Teil des Beines, der üblicherweise so gut versteckt war und wo, von einem Gummiband gehalten, das obere Ende der *trasvügia* (fussloser Strumpf) hinreichte.

Eigentlich sollte ich aufhören, von dieser Karre zu reden, die genauso schwer zu ziehen wie zu stossen war und die leicht aus dem Gleichgewicht geriet, vor allem wenn sie einseitig beladen war. Aber ich muss unbedingt noch etwas über dieses Transportmittel erzählen, denn mit ihm sind so viele Erinnerungen an Ereignisse verbunden, bei denen nicht selten die Sicherheit der Lenker auf dem Spiel stand.

Einmal beförderten meine Cousine und ich – sie hinten, ich vorne – eine schwere Ladung Mist zum flachen, *Piano della Madonna* genannten Wiesland hinab. Die Strasse war stark abschüssig, und folglich stemmte ich die Absätze dagegen und hielt die Stangen tief, während meine Cousine am Hebel der Bremse drehte und die Karre zurückhielt. Auf einmal, ich weiss nicht warum, geriet sie in Fahrt. Ich schrie: »Bremsen!« Sie brüllte: »Es geht nicht!« Ich konnte das Vehikel nicht mehr unter Kontrolle halten und baumelte nunmehr an den himmelwärts zeigenden Stangen, während die nach hinten gekippte Karre auf dem Kies abwärts rutschte. Zum Glück hatte meine Cousine bereits losgelassen, sonst hätte sie sich die Beine gebrochen.

Diese Karre fand für die vielfältigsten Zwecke Verwendung, und nicht immer waren sie landwirtschaftlicher Natur.

Eines Sommerabends waren in der Osteria von *Vinzòtt*[3] Dolfo und Vergogna derart betrunken, dass sie sich nicht mehr auf den Beinen halten konnten. Als der Wirt schliessen wollte, versuchte er die beiden zu wecken, aber es gelang ihm nicht. Ein paar Burschen boten sich an, sie auf eine Karre zu laden und nach Hause zu bringen. Die beiden Betrunkenen schnarchten selig vor sich hin. Der Abstieg von *Cess* war zwar steil, aber es ging alles gut. Beim Anstieg in Richtung Pontone erblickten die beiden Lenker die Scheinwerfer eines sich nähernden Autos, eine Seltenheit während der Kriegszeit. Sie befürchteten, es könnte die Polizei sein. Deshalb zogen sie die Karre an den Strassenrand, stützten sie gegen einen Prellstein und versteckten sich. Wegen des Scheinwerferlichts oder vielleicht, weil das Geschaukel aufgehört hatte, wachten die beiden Betrunkenen auf und bewegten sich, sodass der Wagen nach hinten kippte und sie selbst die Strasse hinunterrollten. Die zwei Burschen rannten erschrocken zu ihnen, sie befürchteten, sie hätten sich verletzt. Ach wo! Die beiden schnarchten schon wieder friedlich vor sich hin. Sie legten sie schnell wieder auf die Karre und luden sie vor den Türen ihrer Häuser ab – den einen in *Gésgia*[4], den anderen in *Lüdint*[5].

3   Ortsteil von Avegno, offiziell Terra di Fuori.
4   Ortsteil von Avegno, wo sich die Pfarrkirche S. Luca befindet.
5   Terra di Dentro, Ortsteil von Avegno.

Wenn der Winter dann richtig kam, legte man die Mispeln zum Reifen ins Stroh. Übrigens, wer weiss heute noch, was Mispeln sind? Vielleicht kennen die Jungen noch das Sprichwort »Mit Zeit und Stroh werden die Mispeln reif«[6], aber wissen sie denn auch, wie diese Früchte aussehen? Auch die Äpfel wurden auf Stroh gelegt und einige *basgioi* (Weintrauben) mit schön reifen Beeren an die Balken auf dem Dachboden gehängt, damit man an Weihnachten *uva passa* (Rosinen) essen konnte.

Wenn der Schnee kam, waren auch die Schafe und Ziegen im Stall, und obwohl die Arbeiten weniger wurden, gab es immer noch viel zu tun. Wenn es schneite, mussten die Strassen und Strässchen vom Schnee befreit werden, weil es keinen Schneeräumungsdienst der Gemeinde gab. Die Männer nutzten die kalte Jahreszeit, um ihre Gerätschaften zu flicken und herzurichten, um Körbe und Kräzen zu flechten und Holzschuhe zu schnitzen. Fast alle Männer waren begabte Handwerker. Wer viel Vieh besass, half auch den Frauen im Stall. Für die Frauen war der Winter hart, vor allem wenn sie waschen mussten.

Das Wasser der Waschtröge war eisig kalt und liess die Hände erstarren. Deshalb füllten die Wäscherinnen die Schmutzwäsche in einen weissen, eigens dafür vorgesehe-

---

6 Mispeln sind unmittelbar nach dem Pflücken nicht geniessbar. Sie müssen zuerst nachreifen. (A.d.Ü.)

nen Rückentragkorb und gingen gemeinsam zu den Waschplätzen im Wald, die von warmen Quellen gespeist wurden. Dort gefror das Wasser nie (und an sehr kalten Tagen sah man es dampfen).

Die Frauen knieten auf den Steinplatten, und so wurde die Wäsche eingeweicht, eingeseift und gerieben, bis alles sauber war. Und natürlich schwatzten sie dabei – rund um diese Waschbecken blieb kein Geheimnis im Verborgenen. Bei ihrer Rückkehr stellten sie den Rückentragkorb mit der gewaschenen und ausgewrungenen Wäsche neben das Feuer, damit sie auftauen konnte, bevor sie zum Trocknen aufgehängt wurde.

Waren die Tage kurz und wurde es früh dunkel, ging man zeitig ins Bett, um wertvolles Brennholz zu sparen. Am Morgen standen dann alle mit dem Ave-Maria-Läuten auf. Nachdem sie sich um das Vieh gekümmert hatten, gingen die Frauen zur Morgenmesse. Sie schickten die Kinder in die Schule, machten Käse und Butter, bereiteten das Essen zu, spannen, woben, und wenn es wirklich nichts mehr zu tun gab, nahmen sie Wolle und vier Nadeln zur Hand und strickten Socken für die ganze Familie.

Das Transport- oder Heuseil

Oft schenkt uns der Herbst an seinem Ende noch schöne, ja wundervolle Tage. Die Luft ist kalt, aber so rein und sauber, dass das Leben richtig Freude macht, wenn die Sonne scheint. Die Bäume haben die Blätter verloren, und die Berge zeigen sich in ihrer majestätischen steinernen Nacktheit.

Kürzlich schaute ich, wie so oft, den Felsen über *Vinzòtt*[1] an, der gerade von der untergehenden Sonne beschienen wurde. In dieser steinernen Landschaft hob sich das Transportseil vom *Tòdan*[2] bis zur *Batüda do Rünc* in *Vinzòtt* deutlich ab und sah wie eine von einem Riesen gezogene Linie aus. Ich hatte geglaubt, dass es das Transportseil nicht mehr gebe und dass die häufigen Waldbrände die Verankerungen der Bergstation zerstört hätten. Allen Erwartungen zum Trotz war es aber noch da, ungewohnt und doch wohlbekannt. Es war nicht mehr gespannt, sondern lag auf den Felsen und in den skelettartigen Ästen der alten Kastanienbäume. Wie viele Erinnerungen steigen hoch beim Anblick dieses rostigen, von Hand gefertigten Relikts!

1 Avegno di Fuori.
2 Monte Todan: Bergstation des obersten Heuseils, auf dem Frachten zur Endstation *Batüda do Fil in Rünc* transportiert wurden.

Andere, vor allem auch viel qualifiziertere Leute als ich, haben über diese Anlagen schon berichtet, mit der Heu und Holz zu Tal befördert wurden. Sie haben die technischen Details erläutert, wie zum Beispiel die Verankerung, an der das Seilende an Eisenstangen befestigt wurde, die ihrerseits in einen Felsen getrieben worden waren. Etwas weiter vorne, gleich hinter der Ladeplattform, steckten drei oder vier sich oben überkreuzende Stämme tief in der Erde; sie hielten das Heuseil auf einer bestimmten Höhe, sodass die Fracht, die mit einem Eisenhaken am Transportseil befestigt wurde, nach einem gekonnten Stoss mit dem Knie freie Fahrt bis zur Endstation hatte. Diese bestand ebenfalls aus dicken Hölzern, die tief in der Erde verankert waren. Dahinter befand sich ein *curlo* (Rundholz mit Löchern, in die man eine Handkurbel aus Stahl einführen konnte), auf dem das andere Ende des Seils aufgerollt war, und zwar so, dass es nach Belieben gelockert oder angezogen werden konnte. Hier war die ganze Geschicklichkeit der Person gefragt, die die Seilspannung kontrollierte.

Ein zu straffes Seil bedeutete zu grosse Geschwindigkeit, einen zu harten Aufprall am Ende und, als Folge davon, das Zerreissen des Stricks, der die Ladung zusammenhielt. Zudem musste mit dem Verlust des Eisenhakens gerechnet werden, der sich löste und weit wegflog, und wenn es sich um Heuballen handelte, ging bestimmt auch der Jutesack kaputt.

Bei einem zu wenig gespannten Seil bestand hingegen die Gefahr, dass das Seil durchhing und weit weg vom Aufprallbock eine Senke bildete: Dann stand die Last mitten in der Luft still, und es war nichts mehr zu machen. Manchmal versuchte man dann, eine zweite Ladung hinterherzuschicken in der Hoffnung, die erste wieder in Schuss zu bringen – mit dem nicht seltenen Ergebnis, dass man zwei in der Luft hängende Frachten hatte statt nur einer. Der letzte verzweifelte Rettungsversuch bestand darin, das Seil zu schütteln. Dann lösten sich die Lasten und fielen wer weiss wo zu Boden. Die schlimmste Arbeit war dann, sie zusammenzusuchen.

Da kommt mir der Heuseilabschnitt *Zött*[3]*–Ri grand* unten im Tal in den Sinn. Wenn hier die Frachten zu schwer waren, blieben sie lange vor Erreichen ihres Ziels in der Luft hängen. An diesem Transportseil war jedoch ein langes Seil mit einer Rolle und einem Karabinerhaken befestigt. Man stieg damit durchs Gebüsch bis fast zur Kiesbank des Wildbaches hinauf, der in luftiger Höhe steckengebliebenen Last entgegen. Mit einer gekonnten Armbewegung schlang man das Seil um die Fracht und konnte sie sodann bis zur Talstation ziehen.

Nun habe ich in groben Zügen beschrieben, wie diese Heuseile beschaffen waren, wie sie funktionierten und wozu

---

3 Zwischenstation des Transportseils. Im hiesigen Dialekt heisst *Zött* »Mulde«, »Senke«.

sie dienten. Jetzt möchte ich über *unsere* Seile sprechen, darüber, wann sie installiert wurden und wer sie benutzt hat, und möchte erzählen, was ich selbst bei diesen mitunter gefährlichen Arbeiten mit den Heuseilen erlebt habe.

Ende des 19. Jahrhunderts berief der damalige Bürgermeister von Avegno eine Gemeindeversammlung ein. Sie sollte darüber befinden, ob ein Heuseil mit verschiedenen Abschnitten auf die *Monti di Dentro* erstellt werden sollte. Der besagte Bürgermeister war ein Verfechter dieser Idee, vielleicht weil er weitsichtiger war als die anderen, vielleicht aber auch, weil er seinen Namen mit dieser grossartigen Neuerung in Verbindung gebracht haben wollte.

Doch der arme Mann erlebte eine herbe Enttäuschung. Die Gemeindeversammlung wurde nämlich im grossen Stil boykottiert: Einzige Anwesende waren an diesem Abend er selbst und der Gemeindeschreiber. Die Dorfbewohner waren nicht erschienen. Sie hielten dieses Bauwerk für gänzlich unnütz, denn: »Was brauchen wir ein Transportseil? Wir haben doch die Frauen, die das Heu und das in grosse Bretter zersägte Holz hinuntertragen.« Genau, wozu waren denn die Frauen sonst gut!

Einige Jahre später wurde das Thema erneut aufgegriffen. Vielleicht hatte sich die Mentalität in der Zwischenzeit geändert, vielleicht hatten sich die Frauen auch aufgelehnt. Tatsache ist, dass am 14. August 1905 die »Gründungsurkunde der Metallseil-Gesellschaft« *(Atto di*

Fondazione della Società del filo metallico) aufgesetzt wurde. Es ging um eine Aktiengesellschaft mit einem Startkapital von zweitausendfünfhundert Franken, mit Aktien zu je fünfzig Franken. Dem Gründungsakt folgten die Statuten, inhaltlich minutiös und in dreiundzwanzig Artikeln ausgearbeitet.

Ich will hier nur Artikel zweiundzwanzig zitieren, der die Entschädigungen festlegte: Der Präsident erhielt fünf Franken im Jahr, jedes Verwaltungsratsmitglied drei Franken und der Stellvertreter einen Franken; der Gemeindeschreiber und der Kassier bekamen je fünf Franken. Die Dienste des Weibels wurden mit zwei Franken im Jahr entlöhnt, und die Arbeiter erhielten für jeden Arbeitstag, der mit dem Seilbetrieb zusammenhing, drei Franken. In den Statuten waren auch die verschiedenen Berg- und Talstationen aufgelistet.

Auf die Statuten stützte sich zudem das »Reglement der Metallseil-Gesellschaft« *(Regolamento della Società del filo metallico)*. Auch hier ist alles genauestens festgehalten, vom Lastengewicht bis zum Preis, der auf den verschiedenen Abschnitten bezahlt werden musste: fünf, zehn oder zwanzig Rappen je nach Länge der Fahrt. Es war die Rede von Zuwiderhandlungen, Bussen, Ämtern und Aufgaben, von Kündigungen, Ernennungen usw. – alles ordnungsgemäss verzeichnet, alles juristisch perfekt. So viel zum Metallseil in den *Monti di Dentro.*

Über die Installierung des Heuseils in den *Monti di Fuori* habe ich nicht die geringste Aufzeichnung gefunden. Ich weiss, dass das Seil existierte, ja dass es sogar noch Reste davon gibt, und selbst kenne ich es gut, denn ich habe es viele Male benützt. Und ausserdem weiss ich, dass die Transportseile der beiden Ortsteile politisch unterschiedlicher Couleur waren. Leider kann ich euch nicht sagen, welches liberal und welches konservativ war. Doch man erzählt sich, dass die Bauern, die der anderen politischen Partei angehörten als das Heuseil, ihre Lasten lieber buckelten, als sich mit der Schmach des Verrats an der eigenen Partei zu beflecken.

Ich habe die Geschichte des Heuseils der *Còsta*[4] schon andernorts erzählt, aber ich möchte sie hier nochmals aufschreiben, weil sie sehr bezeichnend ist. Der Präsident des Heuseils in den *Monti di Dentro* war Besitzer eines ansehnlichen Stücks Weideland auf der Còsta, einem Maiensäss, das Teil der *Monti di Fuori* war. Hier wurde also ein Heuseil benützt, das nicht der eigenen Partei gehörte. Dieser Präsident überzeugte die Gemeindeversammlung von der Notwendigkeit, ein Seil zu installieren, mit dem sich das Heu von der *Còsta* hinüber nach *Scalàdri* in den *Monti di Dentro* befördern liess. Man schuf diese Seilstrecke unter grossen Anstrengungen, ist doch das Tal dazwischen sehr tief. Zwei-

---

4 Monte Costa.

mal riss das Seil, und beide Male wurde es repariert; und eines schönen Tages konnte es in Betrieb genommen werden.

Bemerkenswert war die Geschicklichkeit dieser handwerklichen Alleskönner. Sie trugen eine kleine Esse zum Bauplatz, wo die Schweissarbeiten ausgeführt wurden. Dann feilten sie zwei Seilstücke am Ende schräg ab, sodass sie perfekt aufeinanderpassten. Mit einer Messing-Patronenhülse aus einem Vetterli-Gewehr und der Zugabe von *boras* (Borax) wurden die beiden Enden kunstgerecht verschweisst. Ein letztes Abfeilen von allfälligen Unebenheiten – und das Transportseil war funktionstüchtig.

War das Gras einmal gemäht, getrocknet und in grosse Jutesäcke verpackt, die mit einem neuen Haken versehen wurden, konnten die Lasten ans ordnungsgemäss eingefettete Heuseil gehängt und auf die Reise geschickt werden. Doch ojemine! Aus den Tiefen des Tales mit den von der Sonne erhitzten Felsen erhob sich ein starker Luftzug, der die Heuballen zuerst bremste und dann völlig zum Stillstand brachte, und zwar auf halber Strecke. Alles wurde unternommen, um die Fracht wieder in Schuss zu bringen, aber es war nichts zu machen. Und indem man das Seil schliesslich schüttelte, brachte man nur die Heuballen zum Absturz, sodass alles, die Ernte samt Haken und Jutesäcken, verloren ging.

Das Erzählte entspricht den Tatsachen, denn aus den Protokollen der »Metallseil-Gesellschaft Monti di Dentro«

geht hervor, dass die Gemeindeversammlung der Erstellung des vermaledeiten Transportseils zugestimmt hatte. Einige Jahre später steht geschrieben, dass man beschloss, das Seil an *Valota* zu verkaufen, dem es bei seiner Tätigkeit als Holzfäller nützlich sein konnte. Valota war ein Zauberer in diesen Dingen. Holz fällen und mit Heuseilen arbeiten, das war seine Welt.

Während des letzten Weltkriegs wurde Kastanienholz zur Produktion von Gerbsäure verwendet, aber auch als Ersatz für flüssigen Treibstoff, indem durch seine Verbrennung Gas für Fahrzeuge gewonnen wurde. Ich erinnere mich, wie damals die Automobile mit diesem schwarzen Zylinder am Heck herumkurvten. Und sie fuhren wirklich, wenn auch gemächlich – aber sie fuhren. Sobald wir Mädchen einen hübschen Autofahrer sahen, sangen wir nach der Melodie des Liedes *Vento* folgenden Text: »Gasogeno, gasogeno, portami via con te...«[5] Um die Holzvergaser betreiben zu können, mussten die Scheite von den Arbeitern ganz kurz geschnitten werden. Ihre Kreissägen standen an den Talstationen der Transportseile. Eine ganze Saison lang arbeitete ich bei *Masera* als Handlangerin und reichte ihm das zu zerkleinernde Holz Stück für Stück. Dann wollte ich es einmal allein probieren, mit dem Resultat, dass ich

---

5 Statt »Vento, vento, portami via con te«. »Gasogeno« ist die Bezeichnung für den Holzvergaser. (A.d.Ü.)

mich ziemlich verletzte und um ein Haar den rechten Daumen verloren hätte. Als Mahnmal trage ich heute noch eine Narbe.

Doch zurück zu Valota: Während seiner Waldarbeiten verlegte und verschob er die Transportseile nach und nach. Holzfäller lebten ein gefährliches Leben! Ich werde nie den Anblick jenes Mannes vergessen, den ich einmal auf dem Weg zum Maiensäss sah. Mit einem Lappen wischte er sich das Gesicht ab, über das aus einer tiefen Stirnwunde das Blut rann. Einer jener Holzhaken, die je nach Bedarf gleich an Ort und Stelle angefertigt wurden, hatte sich beim Aufprall der Fracht an der Talstation gelöst und war ihm, einem Geschoss gleich, ins Gesicht geflogen und hatte ihm die Haut von Schläfe zu Schläfe aufgerissen. Das war noch ein harmloses Beispiel, denn es gab bei den Waldarbeitern auch immer wieder Tote, wie zum Beispiel *Ercole* aus Gordevio. Er wurde durch ein Fuder Holz erschlagen, das sich beim Aufprall an der Endstation gelöst hatte.

Ich selbst habe mit dem Transportseil vielfältige Erfahrungen gemacht. Als Jugendliche ging ich zusammen mit Onkeln, Tanten, Cousinen und Cousins zum Heuen auf die Maiensässe. Man begann damit kurz nach Peter und Paul, und zwar auf dem *Tòdan,* einem Maiensäss mit einem einzigen Stall und einer einzigen grossen Wiese. Von hier aus erreichte das Heu auf einem zusammenhängenden Seilabschnitt die Endstation bei *Rünc a Vinzòtt*[6]. Es war nicht wichtig, wann man fertig wurde mit Mähen, Hauptsache war, das Heu am Abend eingepackt zu haben. Zudem musste es ein windstiller Tag sein, denn auf dem *Tòdan*, der über einer Felswand liegt, konnte aus einem Lüftchen leicht ein Wirbelwind werden, der das trockene Heu hochhob und überall hin verzettelte.

Der Abschnitt *Tòdan–Vinzòtt* war unbequem, denn unmittelbar unter der Bergstation gab es einen Felsvorsprung. Wenn die Heuballen ihn berührten, sprangen die Haken aus dem Seil, und das Heu fiel ins Tal hinunter. Um solche Zwischenfälle zu vermeiden, musste man das Seil mit den Schultern hochdrücken. Für mich klein gewachsene Person war dies äusserst schwierig. Trotzdem kann ich mich nicht erinnern, dass meinetwegen eine Fracht ins Tal hinabgepurzelt wäre. Dem *Pepin* passierte dies dafür umso regelmässiger, warum, das versteht niemand.

Unmittelbar nach dem *Tòdan* wurde oben auf der *Farcolèta*[7] gemäht. *Farcolèta,* ebenfalls Teil der *Monti di Fuori,* war das Maiensäss, das ich am liebsten hatte. Meine Cousine und ich hielten dort oben unsere Ziegen, die uns im Frühjahr mit Zicklein beschenkten. Morgens und abends

6 Wiesen im Norden des Ortsteils Avegno di Fuori.
7 Drittes Maiensäss, wenn man von Avegno di Fuori losmarschiert.

gingen wir hinauf, um sie zu melken und die Milch in der Brente nach Hause zu tragen. Mit der *Farcolèta* verbinden mich viele Jugenderinnerungen.

Zwischen *Bèdola*[8] und dem *Mòtt di Lèlar*[9] gab es eine kleine Transportseil-Nebenlinie. Dort erlebten wir Mädchen und Jungen den Rausch des Fliegens. Bei *Bèdola*, der Bergstation, hatten wir hinter einem Felsen einen kräftigen Haken aus Buchenholz versteckt. Daran hing ein Seil, und an dessen Ende befand sich, fest mit ihm verknotet, ein Querholz. Auf dieses Querholz setzten wir uns, hängten den Haken am Heuseil ein, und mit einem Lappen in den Händen, der uns zum Bremsen diente, ging es ab ins Leere. Wir wetteiferten darum, wer von uns am meisten Mut besass, wer zu früh bremste und wer zu spät.

Es war ein wunderbares Spiel! Einige flogen kurz vor der Talstation in hohem Bogen ins Brombeergestrüpp, zum Glück immer ohne ernsthafte Konsequenzen. Andere wiederum vergassen, rechtzeitig zu bremsen, oder verloren den Bremslappen, was zur Folge hatte, dass sie, Beine voraus, in die Talstation rasten und die Sohlen ihrer

---

8   Das erste Maiensäss, wenn man von Avegno di Fuori her kommt.
9   Motto delle Lerole, eine Bergnase, die mit Efeu überwachsen ist, wie es der Dialektausdruck *al lèlar* besagt.

Holzschuhe entzweibrachen. Die Sache hielten wir streng geheim, doch einmal sah uns Fiorenzo und verpfiff uns bei den Eltern. Das Spiel war aus, als uns eines Tages die *Ghidaza* Pierina an der Station *Mòtt da Lèlar* abfing. Diesmal setzte es eine harte Strafe ab. Alles wurde konfisziert, und an eine Wiederholung des Unterfangens wagten wir uns nicht mehr.

Als ich grösser war, überraschte ich meinen Bruder und unseren Cousin, wie die beiden die lange und steil abfallende Strecke von *Sciuladüü*[10] bis zur Talstation *Ri sècc*[11] hinunterfuhren. Der Schreck, den ich da erlebte, machte mir bewusst, wie sorglos wir gewesen waren. Auch ich erwischte sie, als sie unten ankamen, und nahm die Utensilien an mich; und wahrscheinlich verpasste ich ihnen die gleiche Lektion, die ich Jahre vorher selbst erhalten hatte. Die Geschichte wiederholt sich ständig.

Auf *Farcolèta* wurde das Heu in einem Stall überwintert, als Futter für die Ziegen im nächsten Frühling. Nach *Farcolèta* ging es auf *Piagn*[12] in den Monti di Dentro mit Heuen weiter. Dort brauchte es sicherlich zwei Arbeitstage mit drei oder vier Mähern und uns Kindern als Hilfskräften.

10 Hochebene, wo eine Kapelle steht.
11 Riale secco = trockener Fluss.
12 Monte al Piano; er liegt auf einer flachen Bergnase und bildet die Grenze zum Gemeindegebiet von Gordevio.

Auf *Piagn* gab es kein Heuseil, so musste man die Ernte bis nach *Nòsg*[13] tragen.

Am Abend kehrten wir alle wieder ins Dorf zurück, weil es dort oben keine Schlafgelegenheit gab. Es waren die Erwachsenen, die die Heusäcke ans Transportseil hängten. Ich erinnere mich daran, dass die *Ghidaza Pierina* einmal fast mit der Fracht ins Leere hinausgefahren wäre, weil sie einen Strick, der sich gelockert hatte, festzurren wollte und dabei auch gleich einen ihrer Schürzenzipfel erwischte. Ich weiss nicht, welcher Heilige sie beschützt hat: Die Schürze riss zum Glück, und abgesehen von einem allgemeinen Riesenschreck ging alles gut aus.

Ein andermal – war es auf der *Farcolèta*? – riss das Seil unter der Last der Heuballen. Gerade noch rechtzeitig konnten sich die *Ghidaza* Pierina und eine Cousine auf den Boden werfen, um dem Seilende auszuweichen, das wie ein furchtbares Würgeisen über ihre Köpfe hinweg durch die Luft zischte und sich schliesslich in den Ästen eines Kastanienbaums verfing.

Nach dem *Piagn* stieg man zum Heuen nach *Monastée*[14] hinauf. Hier war alles viel leichter: Man konnte das Heu in den Ställen unterbringen und entweder in den Alphütten aus Stein oder in den Ställen übernachten. Man ass Polenta

---

13 Nuss; Ort, der damals mit vielen Nussbäumen bestanden war und wo sehr hochwertiges Gras wuchs.
14 Monte Monastero.

mit Formaggella, einem mageren Käse, und natürlich wurde hart gearbeitet. Wir Kinder waren die Lastesel: Einige Wiesen lagen an Steilhängen, und das Heu, das wir hochtragen mussten, wog doppelt so schwer. Da im September die Kühe nach *Monastée* getrieben wurden, war ein Teil des Heus für sie bestimmt, wohingegen man den Rest der Ernte später holte, traditionellerweise am Ostermontag.

Sobald wir gross genug waren, oblag es uns Kindern, das Heu in die Jutesäcke zu verpacken, die Ballen zur Bergstation zu schleifen, die glücklicherweise weiter unten lag, und sie dann von Teilstück zu Teilstück ins Dorf zu bringen. Waren die Heusäcke im Tal, mussten sie zu den Ställen gebracht werden: Sie wogen fünfzig Kilo und mehr, wurden auf die Schultern gehievt und mit einem Hanfseil über der Stirne gehalten, ein bisschen nach Art der Sherpas auf einer Himalaja-Expedition. Die Ställe waren weit entfernt und die Mühen kolossal. Einmal, wir waren todmüde und verschwitzt, stahlen wir Wein aus Luca's Keller, um uns wieder etwas munter zu machen: Ein ausgewachsener Rausch war die Folge davon.

Waren die Mäharbeiten auf *Monastée* beendet, wurden die Geräte geschultert, und es ging zuerst hinauf nach *Vignasca*[15] und wieder hinunter nach *Montègia*[16] in die Monti

---

15 Alpe Vegnasca.
16 Ein weitläufiges Maiensäss im Steilhang mit viel Platz für Mensch und Vieh.

di Fuori. Dies war ein Maiensäss, das ich überhaupt nicht mochte. Es war so steil, dass man das Gras mit der *medola* mähen musste, weil die *ranza* zu lang war. Häufig trug man barfuss, also ohne rutschige *peduli,* das frisch geschnittene Gras in Rückenkörben mit weit auseinander stehenden Rippen (*braiei*) auf weniger abschüssige Wiesen, denn es bestand die Gefahr, dass es beim Trocknen in den *Bög do Jècc*[17] hinunterglitt.

Alle zwei Tage stiegen wir Jugendlichen mit einer Anzahl Heuballen zu Tal: *Montègia–Valaa, Valaa–Logröss*[18]*, Logröss–Farcolèta, Farcolèta–Tòdan* und vom *Tòdan* bis ins Dorf.

Während des Zweiten Weltkriegs wurden die ganze Mäharbeit und der Transport von den Frauen, den Kindern und den Alten verrichtet. Als meine Cousins in die Lehre gingen, mussten meine Cousine und ich die Arbeit am Transportseil übernehmen: Die eine von uns hakte die Heuballen ans Seil, die andere nahm sie an der Endstation herunter. Wenn wir am Abend mit dem Heu abwärts gingen, trieben wir auch ein wenig Unfug, da uns die Erwachsenen nicht überwachten. Am Morgen dann, um drei Uhr, marschierten wir wieder los, mit Säcken, Schnüren und Haken und auch etwas Proviant beladen, damit wir gegen fünf Uhr am Arbeitsplatz erschienen.

17 Tiefe, feuchte Schlucht südlich von Monteggia.
18 Das Maiensäss Vallà und die Alp all'Agrosso.

Ich habe von diesen Transportseilen und den zugehörigen Arbeiten erzählt, weil sie ein Teil meines Lebens waren. Auch die Kinder spielten, wenn sie denn spielten, *al fil* (Heuseil). Ein Stück Schnur, ein paar Haken, eine Berg- und eine Talstation, und das Spiel konnte beginnen.

Vielleicht waren es die Erinnerungen an unsere Spiele und der Wunsch, diese Art Rausch erneut zu erleben, den man empfindet, wenn der Heuballen mit dem charakteristischen Geräusch von Metall auf Metall wie eine Rakete am Seil davonschiesst – einem Geräusch, das, weil so oft gehört und so verinnerlicht, einem sofort verrät, ob die Reise gut gehen wird oder nicht –, vielleicht also hat all dies mich Ende der 60er Jahre veranlasst, ein Transportseil zwischen *Montègia* und *Monastée* spannen zu lassen.

Schon damals führte eine Fahrstrasse bequem bis nach Monteggia, aber von da bis nach *Monastée* war der Weg noch sehr weit. Zu jener Zeit waren Helikopter so gut wie unbekannt, und wenn man die halbverfallenen Alphütten wieder aufbauen wollte, die nicht mehr den neuen Gewohnheiten entsprachen, musste man sich alles auf die eigenen Schultern laden. Nur waren auch die in der Zwischenzeit älter geworden.

Die Aufgabe war schwierig und verzwickt, doch als dann die erste Fracht am Ziel ankam, empfand ich dieselbe überschäumende Freude wie als Mädchen, wenn wir Kinder eine Ladung Holz bei der *Battuta di Pianosto* anhängten und sie auf der Höhe unserer Hütte in *Monastée* vom Transportseil abschüttelten, sodass das Holzfuder quasi vor der Haustür landete. Diesen Erfolg feierten wir mit Siegesgeheul.

Später mähte auf den Monti niemand mehr Gras – die Letzte war, glaube ich, *Palmira*. Es zogen die Helikopter ins Land und transportierten das Nötige. Die Heuseile waren nun überflüssig und veraltet und wurden entfernt oder auf die Felsen heruntergelassen. Aber wie viel Mühsal hatte diese damals als grossartig empfundene Erfindung vor allem den Frauen einige Jahrzehnte lang erspart, bis sie dann aufgegeben wurde.

Das Heuseil ist ein erster zaghafter Schritt in Richtung Transporttechnologie gewesen.

Der Weg der Mühsal

Der *gerlo* (Kräze, Rückentragkorb) ist fertig gepackt, bis zum Rand gefüllt mit allem, was es braucht.

Die oben auf dem Berg müssen erneut versorgt werden. Die Kinder werden nie satt – als rege die frische Luft ihren Appetit an. Der *gerlo* ist gefüllt mit Polentamehl, Teigwaren, Reis, ein bisschen Kaffee für die Grossmutter, etwas Zucker, Weissmehl für die Fladenbrote, die auf einer Steinplatte gebacken werden, Kartoffeln (nur wenige, da schwer), Brot, das da oben zur Delikatesse wird, und – zu guter Letzt – ein Säckchen mit Bonbons. Die Last wird geschultert, indem man die Arme in die *pagnaa* (Trag»riemen«) aus zwei gebogenen Haselgerten einfädelt.

Pagnaa anzufertigen ist eine Kunst. Die Frauen haben immer ein Messerchen in der Tasche, um gegebenenfalls einen Tragriemen ersetzen zu können. Ein Alptraum ist es, wenn einer davon zerbricht. Deshalb trage ich immer ein Stück Schnur mit mir, für den Fall, dass ich eine notdürftige Reparatur ausführen muss. Da geht man ruhig mit der Kräze auf dem Rücken, der Schritt ist regelmässig und ... knack! bricht einer der Tragriemen entzwei, der *gerlo* gerät aus dem Gleichgewicht, rutscht in eine Schräglage, und man riskiert, den gesamten Inhalt auszuleeren. Deshalb muss man mit den Händen immer den Boden des *gerlo* halten. Diese Tragriemen tun so weh. Zwischen ihnen und der Haut liegt nur der Stoff der Kleider. Nach einer gewissen Zeit fangen die Schultern an zu schmerzen, und die Last scheint schwerer und schwerer zu werden. Man versucht alsbald, dem Schmerz entgegenzuwirken und ihn zu lindern, indem man die Tragriemen verschiebt oder den Boden des *gerlo* mit den Händen anhebt. Doch dann beginnen auch die Arme vor Anstrengung wehzutun, und man gibt auf, um kurz darauf wieder von vorne zu beginnen.

Bei Tagesanbruch ziehe ich los: Solange es kühl ist, geht man leichter. Noch ist der Schlaf nicht ganz abgeschüttelt, die Beine sind noch ein wenig schwach, aber ich gehe zügig. Die Steigung ist gering, ja sanft. Nun bin ich am Fuss des Berges angekommen. Ich wandere zwischen den jahrhundertealten Kastanien mit den hohlen Baumstrünken und den knorrigen Ästen, die gen Himmel wachsen. Noch ist es nicht ganz hell. Dann komme ich an eine Gabelung. Hier kreuzt sich mein Weg mit jenem von Avegno di Fuori. Unten rauscht der *Ri grand,* und sein Wasser ist so klar, dass ich die Steine auf dem Grund zählen kann. Auf glitschigen Felsen überquere ich einen weiteren Bach, da, wo die Frauen einst die Wäsche wuschen, weil hier das Wasser nie gefriert.

Ich komme zur ersten Wegkapelle. Davor sind auch endlich die Steinsitze, auf denen man sich ausruhen kann. Als ich die Last abstelle, tun mir Rücken und Schultern weh, aber welch eine Wohltat ist es, zu sitzen und den Vögeln zuzuhören, die den Tag begrüssen. Vom Kirchturm steigt das Ave-Maria-Läuten zu mir hoch und erinnert mich an ein Gedicht von Pascoli, das ich in der Schule gelernt habe:

Dal mio cantuccio donde non sento – se non le reste brusir del grano – il suon dell'Ave vien col vento – dal non veduto borgo lontano.

Aus meinem Winkel, in dem ich nichts höre – ausser dem Rauschen der Ähren – kommt mit dem Wind der Klang des Ave – aus dem nicht sichtbaren fernen Dorf.

Ich schultere meine Last wieder, und mit gebeugtem Rücken setze ich meinen Weg fort auf dem immer steileren Pfad. Dabei zitiere ich Wort für Wort und Schritt um Schritt das Gedicht und vergesse so die Mühen. Ich komme bei der zweiten Wegkapelle an. Sie wurde auf einem Felsen erbaut, von wo aus man das gesamte Dorf überblickt und auch den blauen Fluss sieht, der sich an der gegenüberliegenden Bergflanke entlangschlängelt. Der Weg besteht aus steilen, beschwerlichen Tritten, die aus dem Felsen gehauen wurden. Unterhalb tut sich der Abgrund auf; hier seilte meine Tante uns Kinder jeweils an, damit wir nicht hinunterstürzen konnten. Auch hier befindet sich nahe der Wegkapelle ein Steinsitz, auf dcn man seine Last absetzen kann.

Die armen Schultern! Einmal wagte ich es, mich bei meiner Grossmutter zu beklagen, die mir zu viel Mist in meine Kräze lud, doch sie antwortete mir: »Jammere nicht, man gewöhnt sich daran, schau mich an!« Und auf ihren armen, knochigen Schultern sah ich eine Schwiele, in der eine Rille verlief, die von den gebogenen Haselruten herrührte – alles von einer hässlichen bläulichen Farbe.

Ich nehme den *gerlo* wieder auf, der mir immer schwerer vorkommt. Steil und mühselig windet sich der Weg zwischen Steinen, Ginstersträuchern und Farnen. Hier stehen wunderbare Eichen, deren Laub sich im Herbst leuchtend rot verfärbt.

Und da ist sie, die mühsamste Stelle des gesamten Aufstiegs. Wenn man sich hier mit der Last nur ein bisschen nach vorne beugt, stösst man mit der Nase an den Felsen. Auf diesem Stein hat der Teufel seinen Handabdruck hinterlassen, als er sich festkrallte, um nicht in die Tiefe zu schlittern. Weiter unten ist auch sein Fussabdruck sichtbar.

Endlich bin ich beim ersten Maisensäss angelangt, aber das ist erst die Hälfte der Strecke. Auch hier steht eine Wegkapelle, und hinter ihr stehen die *posse*[1]*,* auf denen man sich ausruhen kann. Die Sonne bescheint nun die

---

1 Plätzchen, um eine Pause einzuschalten.

Bergspitzen, ich bin schon seit mehr als einer Stunde unterwegs und müde. Aus dem Bach trinke ich einen Schluck Wasser, prüfe die Tragriemen und mache mich erneut auf den Weg.

Jetzt ist der Pfad weniger anstrengend und wird flacher. Wenn man in die Ferne blickt, entdeckt man andere Dörfer und Maiensässe, weiter unten sogar ein Stück des Lago Maggiore. Ich schreite langsam, ruhe häufiger aus. Der Schweiss rinnt mir entlang der Nase zum Kinn hinunter. Wenn sich das Märchen bewahrheiten täte, wonach jeder Schweisstropfen, der zur Erde fällt, eine Blume hervorbringt, dann wäre der Weg, der hier hinaufführt, ein einziger tausendfarbiger Blumenteppich. Viel wahrer scheinen mir allerdings die Worte aus der Bibel: »Im Schweisse deines Angesichts sollst du dein Brot essen.« Was der Herrgott zu Adam sagte, trägt jeder tief ins Herz gegraben, ohne sich dagegen aufzulehnen; und jede Frau vergisst zudem nie, was er zu Eva sagte: »Du sollst mit Schmerzen Kinder gebären.«

Ich bin bei der Wegkapelle des Ferdinandin angekommen. Hier schleuderte eines Abends – viele Jahre ists her – ein wutentbrannter junger Kerl aus unbekannten Gründen einen Stein und traf damit die Madonna an der Stirne (man sieht die Spuren heute noch!). Anders als bei der Madonna von Re floss kein Blut aus der Stirne, doch dem Frevler wurde die Hand lahm, schrumpfte und verkrüppelte. Das Bild zeigt die Madonna im wunderschönen blauen Mantel. Er ist von einem Blau, das nur Vanoni[2] zu mischen im Stande war.

Nach der obligaten Verschnaufpause mache ich mich wieder auf den Weg, der mehr und mehr von Kies bedeckt ist, weil er hier während heftiger Regengüsse zum Bachbett wird. Hier gibt es keine Wiesen, nur Steine und Erde. Zum Glück halten riesige Kastanienbäume mit ihren mächtigen Wurzeln, die oft als Treppenstufen dienen, das Erdreich zusammen und verhindern so Murgänge. Ich trinke aus einer Quelle, die in dieser wasserkargen Bergwelt einen wahren Segen bedeutet, weil sie nie versiegt. Zwar wird sie in trockenen Sommern zu einem blossen Rinnsal, aber verschwindet nie ganz.

In der Nähe standen einst Stall und Hütte von Ines, einer Frau, die hier mit ihren Ziegen lebte. Sie ging immer barfuss, sogar im Herbst, wenn die Kastanienigel zu Boden fielen. Sie behauptete, sie habe eine natürliche Ledersohle an den Füssen. Als ich jung war, waren meine Fusssohlen vom Barfussgehen ebenfalls abgehärtet, aber ich schaffte es nie, ohne Schuhe auf den Kastanienigeln zu gehen. Und so bewunderte ich diese grosse, kräftige Frau, wie sie auf diesem Stachelteppich vorwärtsschritt.

Nun ist die Sonne aufgegangen. Zum Glück ist die Luft prickelnd frisch. Mir tut der Rücken weh, im Kreuz, da, wo

---

2 Giovanni Antonio Vanoni (1810–1886), berühmter Volksmaler aus Aurigeno. (A.d.Ü.)

mir der *gerlo* bei jedem Schritt hinschlägt. Einmal massierte ich einer alten Frau den Rücken ein wenig, um ihre Schmerzen etwas zu lindern; dabei ertastete ich eine schwielige Erhöhung, die vom fortwährenden Scheuern des *gerlo* herrührte. Ob gut oder schlecht, diese Schwiele schützte ihre Wirbel. Inzwischen bin ich schweissgebadet und suche ein Plätzchen, um meinen *gerlo* abzustellen.

Ich bin schon recht weit oben. Hier wachsen keine Kastanienbäume mehr, sondern nur noch Birken und Buchen. Hier gibt es kaum mehr ein Panorama zu bewundern. Die Sicht wird mir auf der einen Seite durch eine Felswand genommen, auf der anderen durch eine Bergkuppe. Vor mir liegen nur die Berge des Centovalli. Dies ist ein trauriger Ort, den ich nie mochte, obschon hier die Hütte steht, in der mein Vater als Kind wohnte.

Um hier hinaufzugelangen, muss ich über mit viel Geduld in den Stein gemeisselte Stufen einen Felsen erklimmen. Weil diese zu hoch sind, helfe ich ein wenig mit den Händen nach. Zum Glück spriessen aus einigen Felsspalten am Wegrand Ginsterstauden hervor, an denen man sich festhalten kann. Wenn diese Sträucher blühen, scheint dieser Teil des Bergs wie aus Gold und ist wunderschön.

Eine letzte Anstrengung noch! Der Pfad windet sich im Zickzack hinauf. Ich komme zum Ende der Wiese, da, wo sich die Bergstation des Transportseils befindet, an das ich so manches Mal Heuballen gehängt habe, um sie ins Dorf hinabzuschicken. Mit einem Seufzer setze ich mich auf eine *possa* und ruhe mich aus. Ich stelle den *gerlo* ab und versichere mich gleichzeitig, dass er nicht hinunterfallen kann. Dann stehe ich auf, strecke den schmerzenden Rücken durch, wische mir den Schweiss ab und rufe laut hinauf, zum oberen Ende der Wiese. Dort, unter der mächtigen Buche, die mein Urgrossvater gepflanzt hat, steht die Hütte und ist schon voller Leben. Sie erwarten mich.

Hohe Stimmen erwidern meinen Ruf. Die Kinder, vom ältesten bis zum jüngsten, das hinfällt und zu weinen beginnt, Geschwister und Cousins kommen mir in grossen Sprüngen entgegen, angezogen durch das, was ich ihnen mitbringe, und begrüssen mich stürmisch. Ein jeder nimmt mir etwas ab. Viel leichter als vorher und die Hand des Kleinsten in der meinen, gehe ich den steilen Weg hinauf. Um uns herum scheinen die Kuhglocken im Takt unserer Schritte zu läuten. Die Ziegen kommen uns entgegen, vom Duft des Brotes angezogen.

Wir kommen auf dem offenen Platz vor der Hütte an. Ich atme schwer. Ich stelle die Kräze auf dem Sessel bei der Tür ab und leere sie. Gerne nehme ich die Tasse Kaffee an, die mir die Grossmutter reicht, verteile die Bonbons und setze mich endlich im Schatten der Buche hin. Die Mühsal hat sich gelohnt, denn die Aussicht ist einmalig. Man sieht den weiten, blauen, von Booten durchpflügten See. Weiter hinten liegt schon Italien. Gegenüber streckt der *Ghiridone*[3] majestätisch sein in der Sonne glänzendes Kreuz empor, das *Don Prada* errichten liess. Hinter der imposanten Bergspitze erheben sich in weiter Ferne die Walliser Alpen mit dem ewigen Schnee. Wenn ich wollte, könnte ich noch etwas weiter nach Norden gehen und von da aus das ganze Tal überblicken – bis fast nach *Robiei*.

Ich fühle, wie sich in mir ein tiefer Frieden und eine grosse Freude über all dieses Licht, diese Farben und diesen unendlichen Raum ausbreiten.

---

3   Berg über Brissago. (A.d.Ü.)

Der andere Weg der Mühsal

Muss man, um auf die Monti di Dentro zu gelangen, einen ebenen Weg zurücklegen, ehe man den Fuss des Berges erreicht, so erhebt er sich hier in Avegno di Fuori fast vor den Türen der letzten Häuser.

Schon nach den ersten paar Schritten bergan steht man vor einer Wegkapelle; darin ist das heilige Kreuz von Como an die Wand gemalt, und für jene, die beladen sind, beginnt das Gewicht der Kräze sich hier bemerkbar zu machen, genauso wie das Kreuz des Alltags. Etwas weiter noch und man kommt zu einem kleinen rutschigen Felsen, zur *Pióda di Vidèll*[1]. Weshalb er so heisst, habe ich nie erfahren; vielleicht ist irgendwann Kälbern auf dem Weg hierdurch etwas zugestossen. Nur wenig weiter oben befindet sich der *arbo di calzèe*[2]. Er erzählt von vergangenen Tagen, als Schuhe noch etwas Kostbares waren; wer welche besass, zog sie hier aus, um sie in den hohlen Stamm zu legen und barfuss weiterzugehen. Und überall stehen viele, viele majestätische Kastanienbäume.

Ich habe diesen Pfad den »anderen Weg der Mühsal« genannt, aber es ist auch der Weg zahlreicher Erinnerun-

---

1 Schwieriger Durchgang, vor allem für das Jungvieh (*Vidèll* heisst »Kalb«).
2 Baum der Schuhe.

gen. Wenn ich heute die Augen schliesse, sehe ich ihn noch wie damals vor mir; Schritt für Schritt, jede einzelne Stufe, jedes Grasbüschel, jeder Baum am Wegrand hat sich meinem Gedächtnis eingeprägt.

Bei der *Vòlta ad zòtt*[3] geht ein Weg ab, der zum *Corte* führt. Eines Tages fand dort Palmira, als sie gerade unterwegs zum *Erbo di Mant*[4] war, Marcos Leiche, die schon etliche Tage da gelegen haben musste. Marco war losgezogen, um den Erdrutsch des *Daranòo*[5] zu fotografieren, und war nicht mehr zurückgekehrt. Sie hatten ihn überall gesucht, und nun lehnte er zusammengesunken an einem Baum. Wahrscheinlich war er ausgerutscht, und dabei hatte er sich den Kopf angeschlagen und das Genick gebrochen. Um seinen Hals hing unversehrt der Fotoapparat. Auf den Felsen, der den Weg hier überragt, wurde später ein weisses Kreuz gemalt, damit die Leute, die von der Stadt her kommen, sich an ihn erinnern, wenn sie den Blick zum Berg heben. Dieses Ereignis hatte bei uns Kindern einen bleibenden Eindruck hinterlassen. Zum ersten Mal wurde uns bewusst, dass der Berg auch töten kann.

---

3 Bezeichnung einer Spitzkehre, die zu den Monti di Fuori führt.
4 *Erbo* ist eine mundartliche Bezeichnung des Kastanienbaumes. Steiniges, steil abfallendes und unebenes Waldgelände.
5 Berg in einer rutschgefährdeten Zone.

Bei der *Volta ad zora* konnte man einen letzten Blick auf den Weiler werfen und den Leuten drunten in den Gässchen einen Gruss zurufen. Hier herauf kamen an den Frühlingsabenden die Frauen, die ihre Ziegen im Dorf hielten, und führten sie für die Nacht in den Stall. Sie lockten sie mit langen, melodiösen, einschmeichelnden Rufen wie: »*Vegn carina, uh uh, vegn bèla, sà sà, pinina* (Komm, Süsse, hierher, meine Schöne, komm, komm, meine Kleine)« und so weiter. Und die Tiere rannten auf sie zu, um Salz zu lecken, sich in den Stall sperren und melken zu lassen. Auch ich habe meine Ziegen so gerufen, aber nie, selbst wenn es mich ärgerte, dass sie nicht gehorchen wollten, wagte ich es, sie zu beschimpfen, wie ich es gerne getan hätte – vielleicht befürchtete ich, sie könnten sich beleidigt fühlen.

Etwas weiter oben, nach der *Scaladìna*[6], steht eine Wegkapelle, die Don Silvio erbauen liess. Wenn wir Mädchen abends losmarschierten, um auf den Maiensässen unsere Ziegen und Zicklein zu besorgen, luden wir immer eine Steinplatte für das Dach auf das hölzerne Rückentraggestell. Wir waren stets an die fünf oder sechs Trägerinnen, und dank der freiwilligen Arbeit eines Maurers war die Wegkapelle nach kurzer Zeit fertig gebaut. Sie wurde mit einem gemalten Madonnenbild geschmückt und während eines

---

6 Kleine Treppe mit Steinstufen auf dem Weg zu den Monti di Fuori.

Gottesdienstes, an dem das ganze Dorf teilnahm, gesegnet. Während langer Zeit fand jedes Jahr am 24. Mai eine Prozession statt, die bis hier herauf führte.

Und nur wenig weiter oben, auf dem kleinen Plateau von *Pontìd,* sind die Überreste einer weiteren Wegkapelle zu sehen, die irgendwann niedergerissen wurde. Hier, auf diesen paar Metern Weg, erlebten meine Cousine und ich ein schreckliches Abenteuer, das uns fast das Leben gekostet hätte. Wir waren am Morgen auf unser Maiensäss gestiegen und hatten uns dort den ganzen Tag aufgehalten, um ich weiss nicht mehr was zu erledigen. Es war Kriegszeit, alle diensttauglichen Männer waren im Militär, und natürlich mussten deshalb die Frauen die ganze Bauernarbeit verrichten.

Es ging gegen Abend, wir legten endlich unsere Arbeitsgeräte nieder und machten uns rennend und hüpfend auf den Heimweg. Wir waren gerade an der Ruine der Wegkapelle vorbeigekommen, als wir ein lautes Pfeifen in der Luft hörten. Etwas flog mit einem Riesenlärm über unsere Köpfe hinweg, schlug unweit von uns ein und riss ein Loch in den Hang, sodass rundum Steine durch die Gegend flogen. Wir hatten noch nicht begriffen, was da vor sich ging, als bereits ein zweiter Schuss in der Nähe des ersten einschlug. Wir schrieen: »Der Krieg ist da! Sie schiessen auf uns!« Wir warfen uns hinter der neuen Wegkapelle zu Boden und blieben vor Angst zitternd liegen. Erst als das

Schiessen aufgehört hatte und nachdem wir noch ein paar Minuten gewartet hatten, schleppten wir uns kriechend und auf allen vieren hinter einige grosse Kastanienbäume, die uns vor den Blicken des »Feindes« Schutz boten.

Dann rannten wir los, abwärts in Richtung Dorf. Die Füsse berührten kaum den Boden, so schnell waren wir. Plötzlich hörten wir Stimmen und erblickten Leute, die uns fast im Laufschritt entgegenkamen. Es waren die *Ghidaza Pierina,* ein paar Soldaten – unsere, keine feindlichen – und Don Silvio. Als sie uns sahen, riefen die *Ghidaza* und Don Silvio »Deo gratias« (Gott sei Dank), während die Soldaten – unter ihnen ein Hauptmann – erleichtert lächelten. Sie umarmten uns zwar nicht, denn so etwas war nicht üblich, aber ihre Freude bei unserem Anblick sagte alles. Der sehr freundliche Hauptmann überzeugte sich davon, dass wir unverletzt waren und auch nicht allzu verängstigt. Er entschuldigte sich für den Vorfall und schilderte uns, wie es dazu gekommen war.

Während der Nacht war eine Kompanie Kanoniere nach Avegno verlegt worden und hatte Befehl, eine Schiessübung durchzuführen. Das Dorf wurde informiert, Warnschilder wurden an den Weggabelungen angebracht, dann postierten sich die Soldaten in der Nähe der Madonna del Rosario und richteten die Waffen gegen den Berg. Die *Ghidaza* wusste von allem nichts, wahrscheinlich weil sie nicht da gewesen war. Don Silvio hatte Freude an den Soldaten und an den Waffen (er war selbst ein grosser Jäger), und so schloss er sich den Soldaten an, die sich zum Schiessen vorbereiteten. Man habe den Berg mit dem Feldstecher abgesucht, versicherte uns der Hauptmann, doch da man weder Menschen noch Tiere gesichtet hatte, wurde der Schiessbefehl erteilt.

Nachdem die ersten beiden Schüsse abgefeuert worden waren, schrie einer, der ihr Einschlagen mit dem Feldstecher beobachtete: »Da sind zwei Personen, genau in der Zielregion!« Bevor befohlen wurde, das Feuer einzustellen, fielen noch weitere Schüsse. Eine ganze Weile suchte der erschrockene Hauptmann nach diesen zwei Personen, aber es war niemand mehr zu sehen. Man fragte noch einmal beim Soldaten nach, der sie gesehen haben wollte, und dieser bestätigte, ganz sicher zu sein, dass er zwei Frauen oder Mädchen gesehen hatte, die zu Boden gefallen und nicht mehr aufgestanden waren. Don Silvio kannte unsere Angewohnheiten und liess sich zum Haus der *Ghidaza* begleiten, die zu Tode erschrak, als sie erfuhr, was mit uns geschehen war. Hals über Kopf machten sie sich auf den Weg in Richtung Berg und befürchteten das Schlimmste. Als wir ihnen ausser Atem, angsterfüllt und verdreckt entgegenkamen, war es für sie, als erwachten sie aus einem Alptraum.

Unten im Dorf angekommen, fühlten wir zwei uns wie Heldinnen. Bereits waren viele Leute zusammengelaufen und wollten wissen, was geschehen sei. Dass uns so viele hübsche Soldaten begleiteten, gab uns das Gefühl, wichtig zu sein. Wenn Don Silvio später von diesem schrecklichen Abenteuer erzählte, behauptete er, dass die in der Wegkapelle verehrte Madonna uns beschützt habe, und ermahnte uns, immer ein Ave-Maria aufzusagen, wenn wir an ihr vorübergingen. Irgendwann wurde das Madonnenbild gestohlen – es hatte wohl einen gewissen Wert. Schon lange bin ich nicht mehr dort vorbeigekommen und weiss nicht, was jetzt anstelle des Gemäldes hängt.

Aber kehren wir auf den Weg der Erinnerungen zurück, um ihn Schritt für Schritt zu gehen.

Gleich nach der zerstörten Wegkapelle geht vom hier eben verlaufenden Pfad eine Verzweigung in Richtung *Valègia*[7] ab, dem Maiensäss, das fast über Ponte Brolla liegt. Hier verliess eines der Mädchen jeweils unsere Gruppe, stieg über einen überhängenden Felsen, an dem ein Schutzgeländer angebracht war, und hielt auf das Maiensäss zu, wo ihre Ziegen weideten. Auf diesem Wegstück wurde eines Tages die Leiche eines gewissen Vigevani aus Locarno gefunden. Man munkelte, er habe sich mit Bedacht diesen selten begangenen Weg ausgesucht, um seinem Leben ein Ende zu setzen. Wenn er gewusst hätte, dass er damit ein Mädchen fast zu Tode erschrecken würde, hätte er sich viel-

---

7 Monte Valeggia, steiler und steiniger Berg.

leicht eines Besseren besonnen. Tatsache ist, dass unsere Kameradin, wenn sie ihren Stall erreichen wollte, während langer Zeit einen grossen Umweg machte, um der Stelle auszuweichen, die ihr so viel Angst machte. Man legte den Toten auf eine Bahre, bedeckte ihn mit einem Leintuch und trug ihn ins Dorf hinunter. Als er in den Sarg geworfen wurde, gab es ein dumpfes Geräusch. Wer damals dabei war, dem hallt es noch heute in den Ohren wider.

Weiter oben ist die *Scalinada*: Nach vielen, zum Teil in den Fels gehauenen Stufen erreicht man ein Plateau, wo man sich, dank den *posse,* ausruhen kann. Es war fast Pflicht, sich einen Moment hinzusetzen und in die Runde zu blicken. Man sah den Fluss, Ponte Brolla und etwas weiter in der Ferne die Ebene von Losone. An Sonntagen stieg Tanzmusik aus den Grotti der anderen Flussseite bis hier herauf. Weiter ging es auf einem Weg, der eindeutig weniger steil war als der zu den Monti di Dentro. Bei der Biegung von *Mött di Lèlar* war die Endstation des Transportseils, das von *Bèdola* herabkam. Mit diesem Seil haben wir, wie ich bereits erzählte, den Rausch der Geschwindigkeit erlebt. Im Zickzack führte der Weg weiter, und man kam an einem Felsen vorbei, wo man an warmen Tagen fast immer eine dieser graufarbenen Schlangen beobachten konnte, die zusammengerollt an der Sonne lagen. Ob nun giftig oder nicht, sie machten uns Angst, und ich gebe es zu: Hatten wir einen Stock zur Hand, schlugen wir sie tot.

Auch *Bèdola* hat seine eigene Wegkapelle. Sie ist erst zerstört und nun auf Kosten des Patriziats wieder aufgebaut worden.

Vorher habe ich Don Silvio erwähnt, unseren langjährigen Pfarrer. Er war eine eigenwillige Erscheinung, ein passionierter und allseits geachteter Jäger. Im Herbst las er die Messe, noch während es dunkel war, um sich danach ungehindert seiner Leidenschaft hingeben zu können. Er liebte die Berge sehr, und wenn wir die Ziegen melken gingen, war er oft schon vor uns unterwegs. Wir wussten es, weil wir ab und zu auf einem Stein einige Bonbons fanden, und daneben stand mit Kreide geschrieben: »Ein Ave-Maria beten.« In *Bèdola* geschah es einmal, dass ich mich hinter einen Kastanienbaum zurückgezogen hatte, um ein bestimmtes Geschäft zu verrichten, als mir ein Ästchen auf den Kopf fiel. Ich schaute nach oben, und da, auf der ersten Astgabel des grossen Baumes, sass Don Silvio und lachte vergnügt. Ich glaube, dass ich bis über beide Ohren errötete.

In *Galinèe*[8] hatte eine weitere Kameradin ihr Ziel erreicht. Hier gab es einst wunderschöne Ställe und Hütten. Dann brannte es, und ich glaube, jetzt steht nichts mehr da. Ich erinnere mich an dieses Maiensäss, weil die Tiere einmal an Agalaktie erkrankt waren und sich unter den riesigen Kastanienbäumen drängten, halb blind, mit leeren

---

8 Zweites Maiensäss beim Aufstieg von der Terra di Fuori.

Eutern und geschwollenen Kniegelenken. Wir behandelten sie mit Asciutan, das sie schlucken mussten, allerdings erinnere ich mich nicht mehr daran, ob es geholfen hat. Auch wenn sie wieder gesund wurden, gaben sie kaum noch Milch, doch niemandem kam es in den Sinn, sie deswegen zu töten.

Von *Galinèe* ging eine Verzweigung in Richtung *Daranòo*[9] ab, und zwei weitere Kameradinnen verliessen den bisher gemeinsam gegangenen Weg. Der Name sagt alles: Es war nichts als ein steiniges Gelände, mit vereinzelten Grasbüscheln zwischen den Steinen und ein paar Hütten und Ställen. Meine Cousine und ich erreichten als Letzte unser Ziel; es war die *Farcolèta*. Und wie ich bereits erzählt habe, war mir dieses Maiensäss sehr lieb. Es gab hier mehrere Hütten und Ställe, die nah beieinander dicht am Fuss einer Felswand standen. Und da war auch die Endstation des Transportseils, von wo aus man einen Teil des Dorfes und des Tals sehen konnte. Wenige Wiesen, viele Steine und grosse Felsbrocken gehörten zu diesem Ort, der fast mein zweites Zuhause war.

Nicht immer erwarteten die Ziegen uns. Dann mussten wir sie rufen und locken. War Don Silvio vor uns hinaufgestiegen, erlebten wir manchmal die freudige Überraschung, dass er uns mit der ganzen Herde im Gefolge entgegenkam.

---

9 Im Dialekt ist dies die Bezeichnung für »Erdrutsch«.

Mit einem Stück Brot, das er zu diesem Zweck in einer der riesigen Taschen seiner ihm um die dünnen Beine flatternden Soutane mitführte, hatte er die Ziegen angelockt. Don Silvio hatte in einigen Belangen sehr aufgeschlossene Ansichten, in anderen aber war er äusserst konservativ. Er ging gar so weit, zu behaupten, dass es Sünde sei, wenn eine verheiratete Frau Romane lese, denn so komme sie nur auf falsche Gedanken. Mit Doktor Rusca, der ebenfalls ein grosser Jäger war, verband ihn eine innige Freundschaft. Der allerdings war Atheist und liess sich sogar kremieren, was die Kirche zu jener Zeit strengstens verbot. Don Silvio, Taufpate von Doktor Rusca junior, verstreute die Asche seines grossen Freundes dann eigenhändig auf dem gemeinsamen Lieblingsgipfel.

Farcolèta, das Maiensäss, das mir so lieb war, gibt es heute nicht mehr. Zuerst kam Valota und fällte die hundertjährigen Kastanienbäume, danach kam das Feuer und zerstörte den Rest. Vor einigen Jahren bin ich diesen Weg noch einmal gegangen. Nur dank genauer Ortskenntnis habe ich die Stelle wiedergefunden, wo die Gebäude einst standen. Die Ruinen waren von Brombeerstauden überwuchert, und überall wuchsen Haselnusssträucher und Ginsterbüsche. Ich wollte einen Beweis dafür finden, dass wir wirklich dort gewesen waren und gearbeitet hatten. In einer der Ruinen, in einem Spalt neben dem Loch, das einst die Türe der Hütte gewesen war, fand ich einen halben Wetzstein – von Onkel Luca! Er konnte nur ihm gehört haben, denn nur seine Wetzsteine waren auf diese Art abgenutzt. Ich nahm ihn als Erinnerung mit nach Hause.

Der Weg in die Monti di Fuori endete nicht auf *Farcolèta.* Wenn wir die Jutesäcke für das Heu, die Stricke, die Eisenhaken und den Proviant für jene hochbrachten, die auf dem letzten Maiensäss vor den Alpen mähten, hatte man in *Farcolèta* die halbe Strecke zurückgelegt. Es ging dann weiter in Richtung Corona und *Piagn Laurètt*[10], Orte, an denen man die besten Kastanien und viele wunderschöne Steinpilze fand.

Nachdem man dann die Felsen eines vorzeitlichen Bergsturzes überquert hatte, befand man sich auf der Wiese von *Valaa*[11], und nach einem weiteren kurzen Anstieg kam man auf *Logröss*[12], ein Maiensäss, von dem es mir immer schien, es sei von Aristokraten bewohnt. Ich glaube, ich habe nie eine dieser Hütten betreten, deren Türen stets verschlossen blieben.

Der letzte steile Anstieg führte nach Monteggia. Dieses Maiensäss war bei uns verhasst; denn seine abschüssigen Wiesen machten das Arbeiten fast unmöglich. Das Wasser schöpften wir aus dem *Fontanin,* der kleinen Quelle. Es war

10 Waldiges Plateau.
11 Maiensäss Vallà.
12 Maiensäss auf dem Weg nach Monteggia.

gutes und frisches Wasser, aber welch eine Anstrengung, es vom *Bög de Jècc* bis zur Hütte schleppen zu müssen! Einmal fielen Luca's Stoffschuhe in diesen *Bög,* in dieses Loch (vielleicht bedeutet sein Name »Hungerloch«), und um sie wieder heraufzuholen, musste der Onkel, an einem Seil festgebunden, hinuntersteigen.

Nach Monteggia steigt der Weg weiter an, zuerst gegen *Brüsgiàda*[13]*,* dann zur *Zöö*[14]*,* zur »Alpe« und dann bis zur *Faèda.* Dies sind wunderschöne Orte, voller Rhododendren und wohlriechender Nadelbäume. Die *Faèda*[15] ist trotz ihres Namens mit Lärchen bewachsen und heute ein einziger Trümmerhaufen. Bei einem Gewitter schlagen hier mehr Blitze ein als auf dem ganzen restlichen Berg.

Genau hier fand man, als ich noch ein Kind war, den dritten Toten dieses langen Weges der Erinnerungen. Er hiess Roveda, kam aus Locarno und hatte sich im Keller von Clotilde erhängt. Unter dem Keller floss ein Bach durch. Ein Wanderer, der dort vorbeikam, bückte sich, um zu trinken, und stellte fest, dass im Wasser Maden mitschwammen. Als er die Tür zum Keller aufstiess, verging

---

13 Alpe alla Brusada; letztes Maiensäss auf dem Weg, der nach Monteggia führt.
14 Alpe Zou; erste Alpweide.
15 Faedo/Faeda, Dialektbezeichnung für »faggeto« = »Wald mit Buchen«.

ihm der Durst, und er rannte ins Dorf hinab, um Alarm zu schlagen.

Damals gab es keine Helikopter. Wir befanden uns gerade auf einem tiefer gelegenen Maiensäss. Mit Erstaunen sahen wir, wie der Doktor und zwei Polizisten (wir hatten damals eine Heidenangst vor ihnen) müde und verschwitzt, nicht anders als alle armen Sterblichen, bei uns eintrafen, wie sie sich setzten, sich von der Grossmutter Kaffee reichen liessen und danach weiterzogen, um den Toten von seinem Strick zu lösen. Niemand mehr hatte je wieder den Mut, diese von einem gewaltsamen Tod entweihte Hütte zu bewohnen, und wer die Geschichte kannte, litt lieber Durst, als vom Wasser zu trinken, das einst voller Maden gewesen war.

Uns Kinder hatte dieses Ereignis erschüttert. Als der Lehrer uns sagte, wir sollten einen Aufsatz zum 2. November, zu Allerseelen, verfassen, da schrieben wir alle auf die eine oder andere Art und Weise über Roveda, der sich auf der *Faèda* im Keller von Clotilde das Leben genommen hatte.

Das Essen

Als ich ein Kind war, lebte man bereits nicht mehr nur von der Landwirtschaft.

Die Männer gingen in die Stadt, um zu arbeiten, und obwohl die Löhne niedrig waren, war das Essen nicht knapp. Den abgestillten Kindern gab man Griessbrei, Brotbrei, Brotsuppe und ein bisschen von der allgegenwärtigen Polenta. Polenta wurde am Mittag und am Abend gegessen und am Morgen darauf im Milchkaffee. Man ass sie mit Butter und Salz, mit Eiern, mit Käse, mit Gurken- und Tomatensalat, mit Milch. Und wer es vermochte, mit Geschnetzeltem. Zum Abendessen wurde sie scheibenweise gebraten und mit Zucker oder Marmelade gesüsst. Blieb noch etwas davon übrig, ass man es tags darauf zum Frühstück.

Dann waren da die Kartoffeln: geschmort, gebraten, in Milch zerstampft, mit Butter und Salz und an Feiertagen mit Wurst. Die heute so heiss geliebten Pommes frites gab es noch nicht. Von meiner Tante weiss ich, dass zu ihrer Zeit anhaltender Herbstregen die Kartoffelernte oft gefährden konnte. Die wertvollen Knollen verfaulten dann im sumpfig gewordenen Boden. Sie erzählte mir – ich weiss nicht, ob es wirklich eine geschichtliche Begebenheit ist, aber sie schwor, es sei wahr –, dass zur Zeit der Landvögte im Dorf ein Beamter lebte, der einen Teil der Ernte als seinen Herren geschuldete Abgabe einziehen musste. Es war ein Urner, und seine Frau sprach mit niemandem, weil sie unsere Sprache nicht konnte. Im Spätherbst ging dieser Mann in ein benachbartes Dorf, um einen Teil der Kartoffelernte einzufordern. Sie sagten ihm, ein Grossteil der Ernte sei verfault und sie hätten nicht vor, auf das Wenige, das übriggeblieben sei, zu verzichten. Der Urner drohte, dass er bewaffnet zurückkehren werde. An einem Tag, an dem bereits Schnee lag, schulterte er das Gewehr und machte sich ins Dorf auf, um die Schuld einzutreiben. Er kehrte nicht mehr zurück. Vergeblich versuchte seine Frau, Hilfe zu holen. Der Winter ging vorüber, und als im Frühling der Schnee schmolz, fand man die Überreste des Unglückseligen: Er lag in einem Abgrund neben der Strasse. Nie erfuhr man, ob er gestürzt war oder ob man ihn hinabgestossen hatte.

In früheren Zeiten war Nussöl das einzig verfügbare Öl. Es gab Pressen, um es zu gewinnen, und die Bäume wurden gehegt und gepflegt. Man erzählte sich die Geschichte eines etwas einfältigen Ehepaars, das einen viele Früchte tragenden Nussbaum besass. Weil die beiden Mühe hatten, an alle Nüsse heranzukommen, und sich nichts von der kostbaren Ernte entgehen lassen wollten, fällten sie kurzerhand den Baum. Nussöl fand allerdings vor allem als Lampenöl Verwendung, während die Butter als Speisefett allgegenwärtig war. Die Tante meiner Mutter schnitt die Zichorie ganz fein, wusch sie und liess sie abtropfen; in einer Pfanne erwärmte sie Butter, goss etwas Essig hinzu und leerte danach alles über den Salat. Ich mochte diesen heissen, zerkochten und kräftigen Salat nicht.

Zur Zeit meines Grossvaters war jeder Mann Jäger und Fischer. Es gab keine Patente; jeder jagte und fischte für den eigenen Bedarf.

Um auf meine Kinderzeit zurückzukommen: Ein Abendessen ohne Suppe gab es nicht. Gemüsesuppe mit Reis oder Teigwaren, Suppe aus Reis und Kartoffeln, Suppe aus Reis und Milch – Suppe eignete sich für Gross und Klein, für Alt und Jung. Wie viele andere Kinder vielleicht auch, hasste ich Gemüsesuppe, aber da half alles nichts, ich musste sie essen. Und wehe, man ass den Teller nicht restlos leer! Verschwendung wurde als Sünde betrachtet.

Süssigkeiten gab es nur selten. Wenn Kirchweih war, konnte man *i mille gusti* (Fruchtbonbons) und etwas Patisserie kaufen. Es gab aber eine Speise, die so lecker war, dass es nie für alle reichte. Ich meine die *miasc*, eine Art Crêpes, die aus Wasser, Weissmehl und einer Handvoll Maismehl gemacht wurden. Man goss eine hauchdünne Schicht Teig auf eine Platte aus Stein oder Gusseisen, unter der ein kräftiges Feuer brannte. War eine Seite durchgebacken, lösten sich die Fladen vom Stein oder von der Eisenplatte und wurden gewendet, um schliesslich mit reichlich Butter und Salz oder, noch viel köstlicher, mit fein geschnittenem Speck und Knoblauch abgeschmeckt zu werden. Wer davon gegessen hat, wird den Geschmack von auf dem Feuer geröstetem Mehl und den feinen Duft der Butter nicht so leicht vergessen und noch weniger den von Speck und Knoblauch.

Zu Hause bereiteten wir Tortelli[1] in heisser Butter zu. So schmeckten sie hervorragend.

Wenn die Früchte reif waren, schlugen wir uns damit die Bäuche voll. Wie oft hatte ich Bauchschmerzen von zu vielen Kirschen und zu vielen zuckersüssen Feigen. Die Äpfel hingegen bewahrte man für den Winter auf. Mein Onkel, der geizige, gab seiner Kuh die guten und uns Kindern die beschädigten Äpfel. Deshalb stahlen wir sie ihm. Wir stiegen auf den Dachboden, indem wir uns an einem Ast eines daneben stehenden Baumes hochhangelten, schoben ein Bodenbrett zur Seite, und schon sahen wir da unten die schönen Äpfel im Stroh liegen. Dann nahmen wir einen langen Stock, an dessen Spitze ein Nagel ohne Kopf befestigt war, und spiessten die Äpfel auf. Zum krönenden Abschluss liessen wir noch die Fallen zuschnappen, die der Onkel aufgestellt hatte, damit die Mäuse seine kostbaren Früchte nicht frassen.

Orangen gab es nur zu Weihnachten. Sie hiessen *Portugal*. Ich weiss nicht mehr, wann ich meine erste Banane gegessen habe, aber es war bestimmt viel später. Auch wilde

1 Traditionelles Tessiner Gebäck.

Himbeeren, Heidelbeeren und Mispeln schmeckten köstlich. Die Trauben waren da, um Wein zu machen, und nicht für uns, doch wir wussten uns immer zu helfen.

Die letzte Frucht, die Mutter Natur uns schenkte, war die Kastanie, aber über sie werde ich in einem separaten Kapitel erzählen.

Die Kastanienbäume

Die Kastanienbäume werden nicht mehr geachtet!

Unsere Alten liebten sie und zeigten ihre Zuneigung, indem sie die trockenen Zweige entfernten, den Boden um die Wurzeln herum säuberten und bis zur letzten Kastanie alle Früchte auflasen, die dieser freigebige Baum fallen liess. Ich habe immer geglaubt, dass es hier, in unserer steinigen Gegend, wo kein Olivenbaum und kein Obstbaum von selbst gedeiht, die Kastanienbäume seit Anbeginn der Zeit gab. Doch wie ich in einem Vortrag erfuhr, waren es die Römer, die dieses Wunder der Natur bei uns einführten.

Der Kastanienbaum bringt männliche und weibliche Blüten hervor, die aber nicht gleichzeitig blühen. So stellt der Baum sicher, dass sich die eigenen Blüten nicht untereinander befruchten. Wenn ein Kastanienbaum blüht, brummt er wie ein Bienenstock. Und tatsächlich: Bienen fliegen von Blüte zu Blüte und stellen als eine Art Heiratsvermittlerinnen unzählige Verbindungen her. Daraus gehen Früchte hervor, die alle die Merkmale der Mutter in sich tragen. Sollten diese Früchte hingegen keimen, ginge daraus in den meisten Fällen eine Pflanze hervor, die die Eigenschaften des Vaters aufweist.

So erklärt es sich, dass aus einer vergessenen Frucht oftmals ein *salvadi* (unveredelter Kastanienbaum mit minderwertigen Früchten) heranwächst, weil offenbar die männlichen Blütenstände die aktiveren der beiden sind. Ich stelle mir immer einen dieser grossen Bäume vor, wie er, aufrecht im Wald stehend, nach den schönsten Blüten Ausschau hält; dann ruft er den Wind und die Bienen herbei und bittet sie, als Heiratsvermittler zu wirken.

Die Kastanie ist ein langlebiger Baum, der sich dem Sterben widersetzt. Siehst du diese hohlen Stämme mit nur mehr wenig Holz unter der Borke? Auch sie tragen noch Früchte! Sogar wenn sie alt und nur noch Gerippe sind und merkwürdig aussehen wie Drachen, Nashörner oder andere Fabelwesen, verlieren sie ihre Würde nie. Sie sind schön, und ihr Holz, von der Witterung dunkel geworden, fühlt sich warm an.

Ich habe vom Kastanienbaum als männlichem Wesen (il castagno) gesprochen, aber in unserem Dialekt ist sein wahrer Name weiblich: *la castegna*. Oder man nennt ihn einfach nur »Baum« (albero), weil er die Pflanze schlechthin ist oder bestimmt die wichtigste. Weiter oben im Tal werden die stärker verbreiteten Tannen »Bäume« genannt. Ich wette, dass es in China der Bambus ist, der mit »Ehlwüldigel Baum« angesprochen wird. So ist die Kastanie ein weiblicher Baum, Ernährerin und Mutter all jener, die vor Hunger Augen und Münder aufsperren.

Der *arbo* (Baum) ist nicht nur eine weibliche Pflanze, sondern er gehörte auch den Frauen. Entlang dem Weg, der zu den Maiensässen führt, begegnest du zuerst dem *albero* von Elvira, dann jenem von Maria und dem von Delfa, dem von Palmira, dem von Silvia und anderen Kastanienbäumen mit Frauennamen oder bisweilen auch mit den Übernamen von Familien. Die Frauen waren die Priesterinnen dieser dicht belaubten Göttinnen: Sie putzten sie, sie verehrten sie, und sie versuchten, ihnen möglichst keine unnötigen Wunden zuzufügen.

Die Ernte kam einem Ritual gleich. Schweigend wurde jede einzelne im Laub oder zwischen den Steinen gefundene Frucht aufgelesen und in den Tragkorb oder den *gerlo* gelegt. Wir arbeiteten mit blossen Händen inmitten der stachligen Kastanienigel. Manchmal sagte meine Grossmutter zu mir: »Du hast doch gute Augen, zieh mir die Stacheln heraus.« Daraufhin musste ich diese armen gelöcherten Finger lange mit einer Nadel bearbeiten, die ich über dem Feuer desinfiziert hatte. Damals kannten die Frauen alle Unterschiede zwischen den verschiedenen Kastaniensorten: Sie wussten, welche Früchte zuerst vom Baum gefallen waren und welche später. Form und Farbe verrieten ihnen, ob die Kastanien sofort gegessen werden sollten oder konserviert beziehungsweise getrocknet werden konnten. Die Kastanien, die auf einem Gitter auf Dachböden oder Terrassen langsam getrocknet wurden, veränderten ihre Farbe, sie wurden heller; im Geschmack wurden sie zudem süsser.

Obgleich die ersten Kastanien gewöhnlich etwas fade schmecken, war es ein Fest, wenn die erste *padellata,* die erste Bratpfanne voll Kastanien, über dem Feuer stand. Wann immer möglich, wurden die Früchte geröstet. Dabei versammelte sich Gross und Klein ums Feuer, alle wollten dabei sein beim Schälen und Essen. Zum Schluss hatten alle schwarze Hände und Münder von den Schalen, jedoch auch einen vollen Magen. Die *bruciate* (geröstete Kastanien) sind auch heutzutage noch beliebt und werden wie damals gemeinsam gegessen. Es ist dies eine gute Gelegenheit, um zusammen beim Feuer zu sitzen und den Schmaus mit einem Glas guten Wein zu begleiten.

Früher lieferten die Kastanien das Abendbrot, manchmal auch das Mittagessen. Geröstet, geschält und in Milch gekocht, gesotten, getrocknet oder geschmort (eine Delikatesse!) oder dann gemahlen und in Fladenbroten verarbeitet, waren sie eine Ergänzung des Speiseplans im Winter und eine Abwechslung zu den Kartoffeln und der Polenta. Schlimm waren die Jahre mit karger Ernte! Das bedeutete Hunger, oder zumindest galt es, den Gürtel noch enger zu schnallen. Wen wundert es also, dass diese majestätischen Kastanienbäume mit höchster Sorgfalt gepflegt, ja fast verhätschelt wurden, damit sie mithalfen, die immer grössere Kinderschar zu ernähren. Heute gibt es keine *arbi* mehr, die diese wichtige Bedeutung haben. Glücklicherweise ist auch der Hunger verschwunden, und während des Winters sind die Speisen vielfältiger.

Mir tut es trotzdem in der Seele weh, den Wald so verstümmelt zu sehen. Es kamen die Motorsägen, und die alten Bäume wurden gefällt. Einer nach dem anderen fiel mit einem Krachen, der wie der Schrei eines Verurteilten tönte. Zurück blieben Holzbeigen und Berge von Sägemehl. Die steinalten Pflanzen sind verschwunden, an ihrer Stelle werden schöne, junge, jedoch ertragsarme Bäume wachsen. Und auf dem steinigen Boden, der nicht mehr von mächtigen, schattenspendenden Baumkronen überdacht ist, werden sich Dornen, Farne, Pfaffenhütchenbüsche und Ginster breitmachen. Und auch die Wege werden verschwinden.

Verschwinden aber wird vor allem die Dankbarkeit diesem Wunder der Natur gegenüber, das unseren Ahnen das Überleben sicherte.

Das Heilige und das Profane

Der liebe Gott ist der gleiche liebe Gott wie früher, nur wurde er damals als strenger und strafender Richter dargestellt.

Alles war Sünde, und das Tor zur Hölle stand immer sperrangelweit offen für die, die einen Fehler begingen. Das wurde auch von der Kanzel heruntergedonnert, dazu die Drohung, dass die Strafen ohne Ende sein würden. Wir Kinder hatten ein bisschen Angst, aber nicht allzu viel, denn wir waren diese Ermahnungen gewohnt. Verständlicherweise wurde für den ängstlichen Lügner die Nacht zum Alptraum, wenn er sich anhören musste, dass der Teufel die Lügner im Schlaf mit Tritten traktiere. Vom Paradies wurde selten gesprochen, wahrscheinlich, weil das ein zu abstrakter Begriff war. Die Hölle mit ihren Flammen war weit anschaulicher.

Neben den religiösen Festen gab es das Fest des Schutzpatrons und das der Madonna. Weihnachten war wirklich etwas Magisches. Während der Novene stiegen die jungen Männer nach der Abendmesse in den Kirchturm hinauf, um das Carillon[1] erklingen zu lassen. Es war kalt, weil der Wind

---

1 Mittels einer Tastatur werden die Glockenschwengel, die an einer kleinen Kette befestigt sind, bewegt, dadurch erklingt das sogenannte Carillon.

aus allen Himmelsrichtungen in das Turmzimmer pfiff, doch den Blick auf die Häuser im Dunkeln, auf die Strassenlaternen und die vorbeigehenden Leute, die von oben herab klein und fast nicht mehr erkennbar waren, werde ich nie vergessen. Auch ich bin in den Glockenturm gestiegen, um das Carillon spielen zu lernen, dies dank der grosszügigen Erlaubnis meines Cousins. Wenn es dann schneite und die Formen verschwammen, schien es mir, als würde ich wirklich in einer verzauberten Welt leben.

Die Geschenke, die das Christkind in der Heiligen Nacht brachte, waren nicht zahlreich, doch es waren immerhin Gaben: Süssigkeiten und Spielzeug. Damals gab es weder den Sankt Nikolaus noch die heilige Luzia noch die Befana[2]. Es gab auch keinerlei Geschenke am Geburts- oder am Namenstag. Einzig das Christkind war befugt, Geschenke zu bringen – wenn wir brav gewesen waren. Wenn ein Gewitzter aber nicht mehr ans Christkind glaubte, hütete er sich, dies preiszugeben, denn er hätte nichts mehr bekommen.

An Werktagen wurde im Sommer um fünf, im Winter um sechs Uhr die Messe gelesen. Die grösseren Knaben mussten abwechslungsweise als Ministranten dienen, und

---

2 Von »Epifania«, der italienischen Bezeichnung für den Dreikönigstag; die Befana ist eine gute Hexe, die den Kindern Geschenke bringt oder Strafen verteilt. (A.d.Ü.)

die Aufgabe der Mädchen bestand darin, während der Totenmesse auf Lateinisch zu antworten. Auch sonst war alles auf Lateinisch, und ich bin mir ganz sicher, dass nur Gottes grenzenlose Barmherzigkeit die unglaublichen Schnitzer verzeihen konnte, die bei ihm oben ankamen. Eine Anekdote handelte von einem Mann, der im »Lauda, Sion, Salvatorem« bei der Zeile »In hymnis et canticis« sagte: »*Sü pai Pizz a canta i sciss* (Auf den stark zerklüfteten Bergkämmen rufen die Eulen).« Woraufhin seine Frau ihm zuflüsterte: »Aber Carlo, was sagt Ihr da nur!« Und er erwiderte seelenruhig und seiner sicher: »In lauda Domini, alles ist in Ordnung.«

Lange vor meiner Zeit schon wurden alle Gebete – Psalmen ebenso wie das Miserere und die Hymnen – mündlich gelehrt, weil nur wenige lesen und schreiben konnten. Ich erinnere mich an eine uralte Frau, die immer mit ihrem eigenen Messbüchlein zur Messe erschien. Sie sass in der Kirchenbank vor mir, und es wunderte mich, dass sie das Büchlein oft umgekehrt hielt – und so tat, als würde sie darin lesen. Eine andere Frau kenne ich, die wollte ihrer Enkelin zur Erstkommunion ein Gebetsbuch schenken. Sie hatte ein wunderschönes, in weissen Satin eingeschlagenes Exemplar gekauft, nur leider war es auf Französisch geschrieben.

Gebetet wurde sehr viel. Den Rosenkranz betete man jeden Abend vor dem Zubettgehen oder bevor man zum Arbeiten in die Berge ging, und wenn jemand gestorben war, erforderte das den ganzen Rosenkranz mit fünfzehn Gesätzlein und einer langen Reihe von Requiems. Wenn man sich bei jemandem bedankte, sagte man: »Gesù Maria per i tuoi poveri morti – Jesus Maria stehe deinen armen Toten bei.«

Im Frühling fanden die Bittgänge statt. Man stand sehr früh auf, und nach der Messe bewegte sich die Prozession durch die Felder, man sang die Litaneien und erbat so die Fürsprache sämtlicher Heiligen, die man einen nach dem anderen anrief, und bat Gott um Erlösung von allem Bösen und um Schutz und Hilfe. Diese Bittgänge auf den Feldwegen machte man morgens an drei aufeinander folgenden Tagen. Ich hielt dabei immer nach Morcheln Ausschau, ob nicht vielleicht die eine oder andere unter einer Esche aus dem Gras hervorlugte. Dabei gelobte ich mir, später noch einmal zurückzukommen und sie zu ernten. Ab und zu wurde angehalten, um die Felder zu segnen; davon erhoffte man sich eine gute Ernte.

Am Tag der Madonna und des Schutzpatrons wurden zudem Prozessionen durch das Dorf abgehalten. Die kräftigeren Jungen trugen den Baldachin mit der Statue. Das Merkwürdigste an unseren Prozessionen war der Mann, der für ihren geordneten Ablauf zuständig war. Wir nannten ihn Tac. Er trug das Gewand der Bruderschaft und in der Hand den Prozessionsstab, mit dem er die Frauen in eine Reihe scheuchte. Und wehe, eine folgte seinem Befehl nicht schnell genug, dann schlug er mit dem Stock auf den Boden und sagte dazu: »Tac!« Daher sein Spitzname. Er war ein Mann mit einer mächtigen Haarpracht, die weiss gewesen wäre, doch vom Rauch in seiner Küche jeweils eine gelbliche Farbe bekam. Seine Feuerstelle befand sich in der Mitte des Raums, aber der Rauch entwich nicht durch ein Kamin, sondern bloss durch eine Öffnung im Dach. Er war Analphabet, fühlte sich durch seine Aufgabe jedoch so wichtig, dass er ein wahrer Tyrann wurde. Nachdem Tac gestorben war, waren die Prozessionen nicht mehr so interessant.

Ich bin viele Jahre lang Sigristin gewesen. An Werktagen musste ich gut und gerne sieben Mal täglich die Glocken läuten: ganz früh am Morgen zum Ave-Maria, zur Messe dann drei »Läuten« und eines am Mittag, eines zum Segen oder Rosenkranzgebet und zum Schluss das abendliche Aveläuten. Heute scheint es, als störten die Glocken nur, niemand mag sie mehr hören.

An den Patronatsfesten waren beim Pfarrer Mitbrüder zu Gast, die mit ihm zusammen die Messe feierten. An einem Vespergottesdienst nach einem vermutlich feuchtfröhlichen Mittagessen versuchte jeder lauter als der andere zu singen. Es kursieren verschiedene Anekdoten darüber, was während der heiligen Vesper gepredigt wurde. Ein Prediger, der vollkommen satt *(tèes)* war, schloss nach dem Mittagessen mit den anderen eine Wette ab, dass er diese Tatsache den Gläubigen dreimal mitteilen würde. Es war Mariä Himmelfahrt. So bestieg er die Kanzel und deklamierte: »*A sum tèes, a sum tèes, a sum tèes con grande gloria Maria in cielo!* (Ich bin satt, ich bin satt, ich bin satt, Ehre sei Maria im Himmel!)« Die Gläubigen verstanden natürlich »Assunta est, assunta est ...« usw. und alles verlief bestens. Ein anderer Prediger, der sich im Dorf aufhielt, dessen Einwohner den Spitznamen *goss* (Kröpfe) hatten, ging ebenfalls eine Wette ein. Und statt dreimal »Ego sum« sagte er »*E gosson, e gosson, e gosson!* (Die Kropfigen, die Kropfigen, die Kropfigen!)« auf der Kanzel von San Lorenzo.

An jedem Kirchenfest war *la Fasola* mit ihrem Süssigkeitenstand zugegen. Ich glaube, das ganze Tessin hat diese Frau gekannt, die dir für 10 Rappen eine *ofèla* (Teigring) verkaufte. Wer noch über einen Batzen mehr verfügte, konnte sich *i mille gusti,* eine Wundertüte, Lakritze oder eine Art Honigbrot mit einem Zuckerengelchen kaufen. Mein furchtbar knauseriger alter Onkel kramte – und es kostete ihn die grösste Überwindung – ein glänzendes Zwanzigrappenstück aus dem Gilettäschchen hervor, überreichte es mir und sagte: »Gib Acht, dass du es nicht für unnützes Zeug verschleuderst.« Das war der Lohn für die Mühen eines ganzen Sommers, den ich damit zugebracht hatte, ihm beim Mähen und Heutragen zu helfen.

An den Kirchenfesten wimmelte es immer von Menschen, die Leute kamen sogar aus den umliegenden Dörfern. Man traf sich hier, um Freundschaften aufzufrischen und Neuigkeiten auszutauschen oder zusammen Kaffee zu trinken, der in der Ecke der Feuerstelle in einem rauchgeschwärzten Kupferkännchen warm gehalten wurde. Dazu ass man die *oféle* der Fasola.

Die Heiligen musste man lieben und ehren. Sie wurden in kleineren Notlagen angerufen: Der heilige Antonius half zum Beispiel beim Wiederfinden verlorener Gegenstände, die heilige Luzia bei Augenleiden. Wenn einem etwas ins Auge geflogen war, Staub, ein Sandkorn, ein winziges Holzteilchen, hob man mit zwei Fingern das Augenlid hoch und sprach: »Santa Lucia, Santa Lucia, metti tu la mano che tiro via la mia. (Heilige Luzia, heilige Luzia, nimm du es an die Hand, so kann ich die meine wegziehen.)« Eines durfte man niemals: die Heiligen beleidigen. Eine Frau, so wurde erzählt, musste an einem Wintermorgen frisch gepresstes Nussöl in der Öltrotte holen. Die Trotte war weit entfernt, und die Wege waren vereist. Als die Frau an einer Wegkapelle vorbeikam, in der eine Heilige mit grossen, starr blickenden Augen dargestellt war, versprach sie ihr ein bisschen Öl für das Lämpchen, wenn alles gut gehen würde. Sie ging zur Öltrotte, stellte die vollen Tonkrüge in die Kräze und machte sich, behutsam gehend, um ja nicht auszurutschen, wieder auf den Heimweg. Als sie erneut bei der Wegkapelle anlangte und sich schon in Sicherheit wähnte – denn ihr Haus war nahe –, wandte sie sich der Heiligen zu, die immer starr geradeaus schaute, und sagte zu ihr: »*Vardatan begn ogion da bo nca t'in gné, nca tan do.* (Pass mal auf,

Kuhauge, weder hast du, noch gebe ich dir.)« Während sie sie noch ansah, setzte sie ohne aufzupassen einen Fuss aufs Eis, rutschte aus und zerbrach sämtliche Ölkrüge.

Als man von der Begebenheit erfuhr, gab jeder seinen persönlichen Kommentar dazu ab, doch in einem waren sich alle einig: Niemals darf man die Heiligen beschimpfen, denn wenn man es tut, kann wer weiss was alles passieren.

Die Auswanderer

Es wird heute viel Aufhebens von den Auswanderern gemacht. Auch ich möchte, nur für mich, ein paar Geschichten von Auswanderern aus unserm Dorf erzählen.

Es gab welche, die weggingen, weil sie dazu gezwungen waren, wie jener Kerl, der erst seit Kurzem verheiratet war und dessen Frau ein Kind erwartete. Er schwängerte ein anderes Mädchen und musste nun fliehen, weil ihre Brüder ihn umbringen wollten. Nachdem er sich in Kalifornien eingerichtet hatte, zwangen ihn die Verwandten seiner Frau, sie zu sich zu holen, an den Ort, wo es einem, wie er schrieb, so gut ging. Als die Braut und der Sohn in Amerika ankamen, fanden sie heraus, dass er in der Zwischenzeit eine Familie mit einer Mexikanerin gegründet hatte. Ich weiss nicht, wie die Geschichte ausging, aber man erzählt sich, dass sie noch weitere Kinder bekamen und vielleicht glücklich und zufrieden lebten. Es gab aber auch welche, die mit dem Wunsch, reich zu werden, auswanderten. Sie wollten dem Elend ein Ende setzen und Geld nach Hause schicken können.

Einige hielten ihre Ersparnisse zusammen, bis sie wieder ins Dorf zurückkehrten, um sich dann ein Haus zu bauen und eine Familie zu gründen. Einer meiner Vorfahren ging nach Australien, um Gold zu suchen. Er hatte bestimmt etwas gefunden, denn nach seiner Rückkehr beschloss er, sich ein schönes Haus zu bauen. Ein Kumpel, der lesen und schreiben konnte, anerbot sich, ihm behilflich zu sein, da er sich mit diesen Dingen auskenne. Ein schönes, grosses Haus wurde gebaut und mit dem australischen Geld bezahlt. Als mein Vorfahre einziehen wollte, stellte sich heraus, dass alles auf den Namen des Kumpels lautete. Ihm blieben nur der Schaden und der Spott.

Einige kamen zurück und waren ärmer als zuvor. In einem Dorf hier in der Nähe wohnte ein altes Männlein, das dauernd nur zitterte, und ständig lief ihm ein Speichelfaden aus dem Mund. So war der arme Kerl aus Kalifornien zurückgekehrt, gezeichnet von den Folgen eines Rauschmittels oder eines Giftes, das ihm jemand während der Rückfahrt auf dem Schiff verabreicht hatte, um ihm sein ganzes, hart verdientes Geld zu stehlen.

Wir Kinder lauschten staunend den Erzählungen dieser Leute, die andere Welten gesehen hatten. Wir lebten in einem winzigen Dorf, und so fiel es uns schwer, uns weite Ebenen, Viehherden mit tausend Tieren oder Städte mit Wolkenkratzern vorzustellen. Die Anstrengungen hingegen, davon konnten wir uns einen Begriff machen, denn wir kannten sie gut. Uns blieb der Wunsch, ebenfalls wegzugehen, und so begannen wir, beim Reden ab und zu ein schmückendes »oh yes« einfliessen zu lassen oder englische Flüche, die wir von den Auswanderern gelernt hatten.

Aber nicht alle wanderten nach Übersee aus. Mein Grossvater, jener, der immer sang, war als Steinmetz nach *Vintotor* (Winterthur) gegangen, wie meine Grossmutter zu sagen pflegte. Ein Urgrossvater väterlicherseits war nach Holland gegangen, wo er lesen und schreiben lernte. Als er dann zurückkam, wurde er zum Bürgermeister gewählt und blieb während vieler Jahre im Amt. Bei ihm zu Hause waren in einem Raum, in dem die Gemeinderatssitzungen stattfanden, die Wappen der Kantone und der Eidgenossenschaft an die Wand gemalt, wie ich mich erinnere.

Früher waren die Familien kinderreich, das Dorf war klein und das verfügbare Land beschränkt. Die Mutigeren gingen deshalb weg, und nicht immer hörte man wieder etwas von ihnen. Ich weiss, dass ich entfernte Verwandte in Amerika, Frankreich, Österreich, Italien und in der französischen Schweiz habe. Sie haben noch nie etwas von mir gehört und ich noch nie etwas von ihnen. Die gemeinsame Herkunft ist über die Jahre verloren gegangen.

Einige schrieben, um ihre Erlebnisse zu schildern und weil sie Heimweh hatten. Der Bruder meiner Grossmutter erzählte von der Prohibition: »Hier wollen sie einem keinen Wein, kein Bier und keinen Likör mehr zu trinken geben. Das wird eine Revolution geben, schlimmer als in Europa.« Ein anderer erzählte von den Schrecken des Erdbebens und des Brandes in San Francisco. In diesem Brief, der leider nicht mehr auffindbar ist, war alles sehr genau beschrieben.

Er handelte von Menschen, die in den brennenden Häusern ums Leben kamen, und davon, dass nur wenige gerettet werden konnten. Jene, die zu schwer verletzt waren, liess man sterben, da man nicht die Möglichkeiten hatte, sie zu behandeln. Der Verfasser dieses Briefes war Carlo F., ein Architekt, der eine oder mehrere Kirchen in San Francisco gebaut hatte. Das ist erwiesen, denn einer seiner Urenkel hat in der Kirche Sankt Peter und Paul eine Tafel entdeckt, auf der geschrieben stand: »Charlie F., Architekt«.

Dies sind kleine Geschichten von Auswanderern, die nicht das grosse Los gezogen hatten, aber mit etwas Geld nach Hause zurückgekehrt waren. Sie fühlten sich dadurch wichtiger, sprachen deshalb auch lauter als die anderen, und vor allem konnten sie mit Veränderungen gelassener umgehen.

Es war denn auch, erinnere ich mich, ein Rückkehrer aus Kalifornien, der die erste Mähmaschine kaufte.

Krankheiten und Heilmittel

Ich erinnere mich an einen August, den ich zusammen mit meiner Grossmutter, meiner Tante, meinen Cousins und Schwestern auf der Alp verbrachte.

Im Dorf mussten mein Vater und meine Mutter machtlos dem Sterben eines Schwesterchens zusehen, das nach der Pockenimpfung erkrankt war. Sie war ein liebes Kind, das nie weinte. Sie hatte blonde Haare und graue Augen, genau wie eine Puppe, und wollte immer mit uns spielen, doch wir, grausam, wie Kinder einmal sein können, empfanden sie als lästig, weil sie klein und kränklich war.

Infolge dieser Impfung bekam sie ständig Abszesse. Der Arzt wusste nicht mehr, was er tun sollte, denn es gab noch keine Antibiotika. Eine Tante meiner Mutter kannte sich mit Heilkräutern aus und behandelte ihr geschwollenes, rotes Ärmchen mit Wegerichblättern, den runden, die im Hof wachsen. Wenn man sie wieder wegnahm, waren sie voll vom Eiter des geplatzten Abszesses, aber schon bald bildete sich an einer anderen Stelle ein weiterer. Gegen die Hirnhautentzündung, die sie dann bekam, war kein Kraut gewachsen. Um meine Mutter zu trösten, sagten die Leute, die Kleine sei schön wie ein Engel, und hatten ja auch recht: Sie war ein kleiner Engel geworden.

In jenen Tagen waren wir in den Bergen. Gerade grassierte auch eine schlimme Keuchhustenepidemie. Ich hustete mir fast die Lunge aus dem Leib und litt unter Atemnot. Eines Morgens gab mir meine Tante eine Schüssel mit einem Brei aus Brot und Milch und zwang mich, ihn sofort aufzuessen. Erst später erfuhr ich, dass Bubi, der Haushund, dieses Brot bereits im Maul gehabt hatte, denn es hiess, dass vom Keuchhusten geheilt würde, wer von einem Hund vorgekautes Brot ass. Ich erinnere mich nicht, ob dieses Mittel wirkte, aber noch heute wird mir nur schon beim Gedanken daran schlecht.

Eines Morgens sagte die Grossmutter zu uns: »Letzte Nacht habe ich gehört, wie jemand an die Hüttentür klopfte.« Kurz nach Sonnenaufgang kam vom Dorf her eine Bekannte mit der Nachricht zu uns, dass die Kleine gestorben sei. Wir verstummten, und die Grossmutter sagte unter Tränen, bestimmt sei es ihre Enkelin gewesen, die an die Tür geklopft habe, um sich zu verabschieden.

Wir Kinder mussten das Vieh auf der Weide hüten. Beim Barfusslaufen auf dem taunassen Gras bildeten sich kleine, eitrige, schmerzhafte Blasen in den Falten der Zehen. Das einzige Mittel dagegen war, einen Wollfaden um die betroffene Stelle zu wickeln. Und das verschaffte Erleichterung, ich kann es euch versichern.

Rizinusöl war das Allheilmittel bei jeder Art von Beschwerden. Es war gut gegen Bauchschmerzen und half bei Zahnweh. Auch bei Hexenschuss nahm man einen Esslöffel voll davon. Rizinusöl wirkte immer und überall. Ich hasste es. Mit Zucker, mit Konfitüre, mit gut Zureden und mit Schimpfen hatten sie es mir einzuflössen versucht, aber erst als sie mir die Nase zuhielten und den Mund öffneten, konnte ich nicht mehr anders und musste dieses eklig stinkende Zeug schlucken. Zur Zeit meiner Grossmutter war dieses Öl die einzige Medizin überhaupt gewesen. Es gab keine Pillen oder Tabletten, oder vielleicht waren die Leute einfach zu arm, um sie sich zu kaufen.

Kopfschmerzen wurden mit einem essiggetränkten Lappen auf der Stirn behandelt. Gegen Würmer trugen die Kinder Ketten aus Knoblauch um den Hals. Bronchitis linderte man mit warmen Leinsamenwickeln, mit Zwiebeln und später mit Schröpfkuren. Ich habe gesehen, wie Schröpfköpfe angewandt wurden. Man nahm ein Schröpfglas, legte einen in Grappa getauchten Wattebausch hinein und zündete ihn an. Rasch und gezielt wurde der Schröpfkopf auf dem Rücken angesetzt. Der Wattebausch erlosch, die Haut wurde angesaugt und bis zur Mitte des Glases hochgezogen. Die Gläser blieben eine Weile auf dem Rücken, und beim Entfernen gab es einen Schnalzlaut.

Ein alter Onkel hatte »dickes Blut«. Der Arzt hatte ihm die Anwendung von Blutegeln zwecks Aderlass verschrieben. Fasziniert und angeekelt schauten wir zu, wie die Nichte diese grossen, dunkelgrauen Würmer am Bein des

Onkels anbrachte. Die Blutegel setzten sich fest, begannen zu saugen und blähten sich wie Luftballone auf. Wenn sie satt waren, lösten sie sich von selbst ab und wurden wieder in ein mit Wasser gefülltes Gefäss getaucht. Auf dem Bein blieben unschöne schwärzliche Flecken zurück.

Laudanum, ein morphinhaltiges Gemisch aus Wasser und Alkohol, war das einzig zugängliche Mittel gegen starke Schmerzen. Meine Grossmutter erzählte mir von einer Mutter, die, in Sorge wegen der Unterleibsschmerzen der Tochter, ihr eine zu hohe Dosis Laudanum verabreicht und damit deren Tod verursacht hatte.

Grappa diente zum Einreiben der Gelenke, zum Desinfizieren und, dem Kaffee beigemischt, natürlich zur Verdauungsförderung. Wie oft holten wir uns eine üble Verstauchung, wenn wir einen Hang hinunterrannten. Die Tante machte uns dann einen Eischneewickel, was eine abschwellende Wirkung hatte.

Ich habe einen Artikel über die positiven Eigenschaften des Knoblauchs gelesen: Er hat wirklich viele Vorzüge ... wenn er bloss nicht so stinken würde! Wenn man uns gegen Bauchschmerzen einen Umschlag aus Knoblauch und Öl auf den Bauch legte, musste man sich wirklich die Nase zuhalten. Heutzutage ist die Pflanzenheilkunde wieder aktuell, und es ist schön, dass dies so ist. Aber unsere Frauen wussten schon damals über die antirheumatischen Eigenschaften des Wurmfarns Bescheid. Denn sie legten seine

Blätter in die grossen Laubsäcke, die als Matratzen dienten, und gegen Kopf- und Nackenschmerzen nähten sie Kissen, die damit gefüllt waren.

Diese und andere waren die Hausmittel gegen alle möglichen Krankheiten und wurden von den Müttern an die Töchter weitergegeben. Auch hier spielten die Frauen die Hauptrolle, und für einmal hörten auch die Männer auf sie.

Einmal sah ich nämlich, wie ein vierschrötiger Mann, den man für den Herrgott hätte halten können, so stattlich war er, sich von seiner Frau eine dicke, lebendige Nacktschnecke verabreichen liess und sie ohne langes Federlesen hinunterschluckte, weil er seine Magenschmerzen nicht mehr aushielt. Ich war entsetzt und angewidert davongerannt, während die Frau dankbar lächelte, weil sich ihr Mann von ihr hatte behandeln lassen.

Die wenigen chemischen Mittel, die es damals gab, bargen auch Gefahren. Im Haus einer alten Verwandten meiner Grossmutter standen ein Fläschchen Karbolsäure und eins mit Rizinusöl nebeneinander im Regal. Eines Nachts quälten die Frau Zahnschmerzen, sie stand auf und suchte tastend das Fläschchen mit dem Rizinusöl. Leider erwischte sie das falsche, und die Säure verätzte ihr Rachen und Magen.

Das merkwürdigste Mittel aber, das ich je ausprobiert habe, darf hier nicht vergessen gehen. Meine Hände waren, wie die vieler anderer Kinder, mit hässlichen Warzen verunziert. Die *Ghidaza* brachte mich in eine Kirche, die ich noch nie betreten hatte (dies war eine sehr wichtige Voraussetzung!), hiess mich die Hände ins Weihwasserbecken tauchen und gleichzeitig Gebete aufsagen. Sie sagte: »Du wirst sehen, dass die Warzen verschwinden.« Eines Tages bemerkte ich, dass meine Hände wieder glatt waren. Ich weiss nicht, ob das mit dieser seltsamen Zeremonie zusammenhing oder ob es natürliche Ursachen hatte.

Über andere Leiden weiss ich nicht viel zu erzählen, denn es wurde wenig darüber gesprochen – schamhaft schwieg man über eigene Schmerzen. Lange Zeit aber noch wurde in der Familie über die fast wundersame Genesung von Tante Teresa, der kleinen hinkenden Frau, gesprochen. Tante Teresa hatte sich seit Längerem über immer stärker werdende Bauchschmerzen beklagt. Mit Rizinusöl, mit Umschlägen, mit Kräutertee versuchte man ihr Linderung zu verschaffen, aber die Schmerzen wurden immer nur schlimmer. Als dann endlich der Arzt gerufen wurde, hatte sie das Bewusstsein schon verloren. Er diagnostizierte eine Blinddarmentzündung mit wahrscheinlich schon erfolgtem Durchbruch.

Das Fieber war äusserst hoch, und die Frau delirierte und stöhnte vor Schmerzen. Ihr verzweifelter Mann flehte den Arzt an, etwas zu unternehmen, aber dieser weigerte sich und sagte: »Ihr verlangt von mir, dass ich eine Tote wieder zum Leben erwecke.« Schliesslich gab er dem Bitten nach. Sie breiteten ein Leintuch auf einer Truhe aus, legten die Kranke darauf, und während der Arzt operierte, sagte er: »Wenn sie heute nicht stirbt, stirbt sie bestimmt morgen.« In der Küche beteten die Frauen der Familie zusammen mit den Kindern und den Nachbarinnen den Rosenkranz. Ich weiss nicht, ob sie eine Narkose bekommen hatte. Es war bereits alles entzündet. Tante Teresa schwebte lange zwischen Leben und Tod, dann erholte sie sich ganz langsam, und nach einem Monat sass sie wieder auf der Bank vor dem Haus und putzte das Gemüse für die Suppe.

Rheumatische Schmerzen waren für die Leute von damals wirklich eine Plage. Die karge Ernährung, die schwere Arbeit, die feuchten Häuser und die Kälte, all das trug dazu bei, dass die Gelenke steif wurden und Schmerzen bereiteten. Murmeltierfett wurde zum Einreiben verwendet, und mit Jodtinktur wurden die erkrankten Stellen bepinselt. Einer meiner Grossväter – ich habe ihn nicht mehr gekannt – soll mehrere Jahre mit Arthritis im Bett gelegen haben. Als man ihn nach seinem Tod in den Sarg legen wollte, konnte man – makabres Detail – seine steifen Beine nicht mehr geradebiegen.

Von einer alten Frau, die sehr unter Rheuma litt, erzählte man sich die folgende Geschichte. Der Arzt, den man um Rat gefragt hatte, hatte empfohlen, sie möglichst warm zu halten. Ihren Angehörigen kam nun nichts Besseres in den Sinn, als sie, nachdem das Brot gebacken war, in den noch warmen Ofen zu schieben. Als sie die Frau Stunden später wieder herauszogen, war die Ärmste völlig ausgetrocknet – »und spindeldürr«, wie meine Mutter sagte.

Einen bleibenden Eindruck hinterliess bei mir eine alte Frau, die sich beim Gehen auf zwei Stöcke stützte, weil sie ihrer geschwollenen Knie wegen nicht mehr aufrecht stehen konnte. Und trotzdem ging sie noch Zweige sammeln, um Feuer zu machen. Sie konnte diese weder auf dem Rücken noch unter dem Arm, noch in der Kräze tragen. Deshalb band sie sich eine Schnur um die Hüfte und liess ein ziemlich langes Stück davon hinten hinabbaumeln. Daran befestigte sie das Reisigbündel, und während sie sich nach Hause schleppte, schleifte sie es hinter sich her.

Die Kinder

Früher wurde eine Familie mit fünf Kindern als normal betrachtet.

Viele Kleinkinder starben früh, entweder bei der Geburt oder in den ersten Lebensmonaten. Zwillinge, meist anfälliger und zarter, gab es so gut wie keine. Fehlende Pflege, mangelnde Hygiene sowie die Strapazen für die Mütter, die nur dann die Arbeit unterbrachen, wenn sie sich ins Bett legten, um zu gebären, waren die Gründe für dieses vorzeitige Sterben. Auch *disperse* (Fehlgeburten) waren keine Seltenheit.

Aber die Kinderschar war auch so immer gross. Früher pflegte man eine arme, überlastete Mutter, die schon viele hungrige Mäuler zu stopfen hatte und bereits das nächste Kind erwartete, mit den folgenden Worten zu trösten: »*Ogni fiö sa porta dré al so cavagnö.*«[1] Als ich klein war, wollte ich immer wissen, wo denn das Körbchen sei und was sich darin befinde.

Die Neugeborenen lagen weder unter dem Kohl (zu klein) noch brachte sie der Storch (bei uns gibt es keine Störche). Es brachte sie die Hebamme in ihrer geheimnisvollen Tasche. Wann immer sie auftauchte, kamen auch die

---

1 Jedes Kind trägt sein eigenes Körbchen mit sich.

Bébés. Frau Maria G. behalte ich in liebevoller Erinnerung. Als sie mir bei den Geburten meiner Kinder half, erzählte sie mir auch, wie sie meiner Mutter geholfen hatte, mich auf die Welt zu bringen. Sie war eine liebe, diskrete Frau, die, wie sie sagte, in schwierigen Situationen gearbeitet hatte. Einmal, in einer Schneenacht, als sie einer Gebärenden zu Hilfe eilte, habe sie ein eigenes Kind verloren. Die Neugeborenen wurden straff eingewickelt, wie Mumien. Man glaubte, dass sie dadurch einen geraden Rücken und gerade Beine bekämen. Doch wenn ich mir einige der Resultate anschaue, hege ich Zweifel an der Tauglichkeit dieser Methode.

Die Schwangerschaft war eine natürliche Sache. Die Geburt hingegen flösste Angst ein, da sie geheimnisvoll und mit tragischen Geschichten verbunden war. Auch das Stillen war eine ganz natürliche Sache und gab zu keinerlei Befürchtungen Anlass. Die Frau stillte ihr Kind, legte es zurück in die Wiege, ging aufs Feld arbeiten, kam einige Stunden später zurück und sah nach, ob ihr Kind Hunger hatte. Gewaschene Windeln und Wickelbänder wurden zum Trocknen in der Küche an einem Seil über dem Kamin aufgehängt. Statt nach Talkpuder rochen die Neugeborenen ganz vertraut nach dem Rauch des Holzfeuers.

Kaum waren die Kinder den Windeln entwachsen, mussten sie kleine Aufgaben übernehmen. Man sagte: »*Fortuna da chèla sposa che par prima la ga na tosa* (Glücklich schätze

sich die Frau, die als Erstes ein Mädchen bekommen hat)«
und meinte damit, dass die Erstgeborene, sobald sie konnte,
sich der kleineren Geschwister annehmen musste, die eins
ums andere kamen. Es war keine Seltenheit, ein fünf- oder
sechsjähriges Mädchen mit einem Geschwisterchen im Arm
zu sehen. Für die Leiden der Kinder hatte man nicht allzu
viel Mitgefühl. Wer hinfiel oder sich wehtat, konnte, sofern
es nicht etwas sehr Schlimmes war, nicht zur Mama laufen
und weinen, weil dann nämlich das Risiko bestand, noch
eins hinter die Löffel zu kriegen mit dem Vorwurf, nicht gut
genug aufgepasst zu haben.

Es gab immer etwas zum Arbeiten. Den Mist auf die
Felder zu tragen, war Frauen- und Kindersache. Selbstverständlich wurde den Kindern weniger aufgeladen, aber
auch so wog die Last häufig mehr als sie selbst. Das Heu
wurde ebenfalls auf dem Rücken getragen, und Mädchen
wie Knaben mussten mitanpacken. Trotzdem: auch zum
Spielen blieb noch Zeit. Allerdings waren die Streiche, die
die Kinder aushecken, oftmals Unfug gröberer Natur. Ich
erinnere mich an einen Donnerstagnachmittag, an dem die
Jungen nichts Besseres wussten, als alle Kürbisse auf den
Feldern abzuschneiden und sie auf die Bahngeleise zu legen. Anderntags machte der Lehrer der gesamten Schülerschaft den Prozess, und die geständigen Angeklagten erhielten eine saftige Strafe, die von einigen Ohrfeigen begleitet
war. In den ersten Schuljahren hatte ich einen Lehrer, der

oft Schläge austeilte. In der Klasse war einer, der ihm als Handlanger diente und ihm die Haselruten brachte, mit denen er uns oft und gerne auf die Hände schlug. Und wehe, man beklagte sich zu Hause: Wenn wir schon geschlagen wurden, dann hatten wir es wohl so verdient! Rache übten wir dann am Gertenlieferanten.

Wie gesagt: wir spielten. Wir spielten Fangen oder *bandera* – eine Kombination aus Fangspiel und Wettlauf – oder lieferten uns Wettkämpfe beim Reifentreiben. Murmeln waren den Knaben vorbehalten, und diese spielten um Hemden-, ja sogar Hosenknöpfe. Für die braveren unter den Mädchen gab es die Stoffpuppen, »Himmel und Hölle« und das Mühlespiel. Diesen Zeitvertreib mussten auch unsere Grossmütter schon gekannt haben, denn auf dem Absatz einer Aussentreppe in der Nähe meines Hauses ist das Spielfeld eingeritzt worden. Ein anderes Spiel, das ebenfalls sehr alten Ursprungs sein wird, hiess *sascitt* (Steinchen). Nicht selten hatten wir Mädchen neun Steinchen in der Tasche: Nicht zu gross, nicht zu klein, nicht zu flach, nicht zu rund durften sie sein. Es war ein Geschicklichkeitsspiel. Eine kleine Fläche reichte dafür. Gerne würde ich alle Spielregeln erklären, aber das wäre zu kompliziert. Jetzt, wo ich darüber nachdenke, bereue ich, es meinen Kindern nicht beigebracht zu haben. Es hätte sich so gelohnt!

Vor den Kindern wurde nie über Schwangerschaft oder Geburt gesprochen: Beide Themen waren tabu. Aber die

Neugier wuchs von Jahr zu Jahr. Zwei gerissene Bengel bewog sie sogar zu einer Wette: Wer als erster den Bauch einer werdenden Mutter berührte, würde sämtliche Murmeln des anderen gewinnen. Die ganze Bande, sprich die Wettenden und wir Zeugen, streifte nun lange durch die Gassen des Dorfes auf der Suche nach einer Frau mit einem dicken Bauch. Endlich fanden wir eine. Sie trug Äpfel in ihrer Schürze, die sie um die Taille gebunden hatte und wie einen Sack hochhielt. Unter dem Vorwand, prüfen zu wollen, ob die Äpfel denn auch schon reif seien, streckte mein Cousin die Hand aus und berührte, nachdem die Frau die Schürze etwas gesenkt hatte, Äpfel und Bauch. Unter Riesengelächter rannten wir davon.

Die Murmeln wurden dem Sieger allerdings erst nach der Geburt des Kindes übergeben, denn der andere Junge behauptete, es könne auch vom zu vielen Essen herrühren, dass der Bauch so dick sei.

Meine Schafe

Ich habe meine Schafe verkauft!

Ich hätte es schon lange tun sollen, aber immer wieder schob ich die Entscheidung unter tausend Ausflüchten hinaus, um den schmerzlichen Schritt nicht tun zu müssen. Die Last der Jahre drückt auf meine Schultern, und die Beine, die mir einst erlaubten, in den Bergen meine Tiere zu suchen und die steilen Bergwege hinunterzurennen, machen einfach nicht mehr mit.

Der Wunsch nach Schnelligkeit und das Gefühl, nach wie vor jung zu sein, beides ist noch da; auch die Lebensfreude ist ungemindert, doch das alles macht meine Knie nicht wieder so biegsam, wie sie einst waren. Und meine Füsse, die diese Wege tausendmal hinauf- und hinuntergegangen sind, werden dadurch auch nicht trittsicherer.

Pfeilschnell einen Abhang hinabzurennen, das war wie ein Tanz, bei dem jeder Schritt ursprüngliche Eleganz hatte. Es gab keinen Rhythmus, sondern bloss ein zartes Berühren des Bodens, an dessen Beschaffenheit sich die nur leicht bekleideten Füsse anpassten. So lief ich ohne jegliche Mühe abwärts und spürte, wie jeder Muskel meines Körpers seine Aufgabe bereitwillig erfüllte. Es war, als hätten die Füsse Flügel.

Mich haben Füsse schon immer fasziniert (jedoch nicht wie den Lehrer von Vigevano[1], um Himmels willen nein!). Manche Füsse gefallen mir, andere nicht. Ich erinnere mich noch an die Füsse von *Ghidaza* Luisina: Sie waren kurz und breit und hatten vielleicht nie die Beengung durch Schuhe erlebt. Ich sah die Tante immer nur mit Holzschuhen oder *peduli,* also Stoffschuhen. Ihre Füsse waren zuverlässig und stark. Sie ruhten mit Autorität auf dem Boden, gleichzeitig waren sie aber auch flink, und sogar mit Holzschuhen schafften sie steile und heikle Strecken.

An einem Fest hatte ich die Gelegenheit, bereits etwas ältere Tänzer zu beobachten, die sich im Walzertakt wiegten. Ich schaute weder in ihre Gesichter noch auf ihren Körper, sondern betrachtete ihre jungen, fröhlichen, lebendigen Füsse. Ich empfand eine tiefe Freude und unbändige Lust, meine Füsse mit den ihren zu vereinen und in die allgemeine Fröhlichkeit miteinzustimmen. Ich hab es dann unterlassen, weil ich nicht Walzer tanzen kann und kein Hindernis sein wollte.

Nun bin ich vom Thema Schafe abgekommen, vielleicht unbewusst, um mich nicht mit dem Verrat an den Tieren, die mir vertraut haben, auseinandersetzen zu müssen.

---

1 Anspielung auf den Roman *Der Lehrer von Vigevano* von Lucio Mastronardi. (A.d.Ü.)

Es gibt Leute, die behaupten, Schafe seien dumm, aber das stimmt überhaupt nicht. Es verletzte und beleidigte mich, in einer Enzyklopädie folgende Beschreibung einer bestimmten Schafrasse zu lesen: »Dieses Schaf hat, wie die vorher beschriebenen Rassen, nichts, was für es sprechen würde, und zwar nicht nur körperlich, sondern auch von seinem Naturell her. Es handelt sich um eine sanfte, ruhige, geduldige, dumme, servile, willenlose, scheue und feige Kreatur, mit einem Wort, um ein langweiliges Geschöpf oder, anders gesagt, eben um ein Schaf. Übrigens besitzt das Schaf so wenig Intelligenz, wie das sonst bei keinem anderen Haustier vorkommt ... Das Schaf lernt nie etwas, und wenn der Mensch nicht für es sorgen würde, wäre es in kürzester Zeit erledigt.« Und weiter meint dieser unsägliche Schreiberling, dass die Schüchternheit des Schafs lächerlich sei, dass es ein erbärmliches Leben führe und dass schon das geringste Geräusch eine Herde in grössten Aufruhr versetze.

Was mich anbelangt, so ist das Schaf nicht dümmer als andere Tiere. Was als Feigheit beschrieben wird, ist in Wahrheit sein Überlebensinstinkt. Schafe haben keine Hörner, keine Reisszähne, keine Krallen, und so ist die Flucht seine einzige Selbstverteidigung und die Herde sein einziger Schutz. Im Übrigen wird die angeblich absurde Panik, die manche diesen wolligen Tieren zum Vorwurf machen, nur durch unbekannte Personen, durch brüske Bewegungen und vor allem durch Hunde ausgelöst. Die Angst vor dem Hund stammt aus Urzeiten, sodass das Schaf ihn als Feind erkennt, auch ohne ihn jemals zuvor gesehen zu haben. Das Keckern des Fuchses und alle anderen Laute, die Tiere von sich geben, stören das Schaf nicht, während Hundegekläff es in Angst und Schrecken versetzt. Wahrscheinlich hat sich das Bild des Wolfes, der seine Vorfahren jagte, dem Gedächtnis des Schafes tief eingeprägt.

Das Schaf hat auch einen hoch entwickelten Mutterinstinkt. Mutterschafe verlassen ihre Lämmlein nie – sogar wenn diese tot sind, bleiben sie noch lange bei ihnen. Ich entsinne mich noch gut jenes kalten, regnerischen Novembertages, an dem ich ein Schaf suchte, das nicht mit den andern zurückgekehrt war. Ich hatte einen Dackel bei mir, und der entdeckte es als Erster. Endlich nahm auch ich es durch den Nebel wahr: Es stand bockstill auf einem Felsen, unter dem sein totes Lämmlein lag. Der Hund näherte sich neugierig, doch das Schaf, seine angeborene Angst vor Hunden überwindend, kam vom Felsen herunter, schlug mit einem Huf auf den Boden und griff den Hund an, der verängstigt das Weite suchte. Vorsichtig näherte ich mich dem Schaf und sprach leise mit ihm; dann nahm ich das durchnässte Lämmlein in den Arm, zeigte es der Mutter und steuerte dann auf den Stall zu. Sie folgte mir und gab ab und zu den typischen Laut von sich, mit dem Schafmütter ihr Frischgeborenes rufen. Ich war sehr traurig.

Eine andere Schafmutter versuchte gar, ihr totes Lämmlein wieder zum Aufstehen zu bewegen, indem sie es mit der Nase schubste und mit den Hufen sein Fell kratzte, ganz so, als wollte sie ihm eine Massage machen. Ich könnte erzählen, wie Schafmütter ihre Kleinen in Sicherheit bringen, indem sie sie unter den Fresstrog drängen, wo sie von den anderen Tieren nicht zertrampelt werden können. Und wie die Lämmlein ihnen gehorchen. Ich erinnere mich, wie ich einmal, als ich die Schafe schon in ihr Gatter gesperrt hatte, von weit, weit her ein Blöken hörte, das wie ein Hilferuf klang. Ich folgte ihm und fand ein Lamm, das sich in den Brombeerranken verfangen hatte. Ich befreite es, und es rannte der Mutter nach zum Stall.

Es gab einmal ein Schaf, das hiess *Signorina* (Fräulein), weil es sich so elegant bewegte. Eines Tages kam Signorina auf mein Rufen zurück aus dem Wald gesprungen, wo sie gegrast hatte, und ass vom gesalzenen Futter, das ich ihr hinhielt. Das Gatter war noch offen, und so rannte sie wieder davon, immerzu blökend. Ich folgte ihr, und sie führte mich zu ihrem schwer verletzten Lämmlein.

Die Behauptung, dass Schafe nicht lernfähig seien, ist also nicht richtig. Meine Tiere kannten meinen Wagen und kamen blökend daher, sobald sie das Geräusch seines Motors vernahmen; das taten sie bei den anderen Autos nicht. Auch wenn ich einigen von ihnen sehr wehtun musste – schliesslich gehörte es zu meinen Aufgaben, ihre Wunden zu behandeln, die häufig voller Würmer waren, oder einer Schafmutter bei der Geburt ihres quer liegenden Lamms zu helfen, was nicht ohne Schmerzen ging –, so wurden genau diese Tiere kurz danach die sanftesten der Herde, und es war, als seien sie mir für die Liebe, die ich für sie empfand, dankbar.

Es stimmt auch nicht, dass Schafe alle den gleichen Charakter haben. Es gibt ängstliche, und es gibt ganz freche, die dir die Taschen zerreissen auf der Suche nach einem Stück trockenem Brot; es gibt die lautstarken Tiere, die immerzu blöken, nur damit geblökt ist, und es gibt die zutraulicheren, die sich auf der Wiese vor dem Stall in den Bergen hinlegen und darauf warten, dass man aus dem Haus kommt, und die, wenn man sie dann weggejagt hat, durchs Fenster wieder hereinschauen! Dann gibt es unternehmungslustige Schafe, die immer die schwächste Stelle des Zauns ausfindig machen, durch das sie dann entwischen. Und es gibt die geborene Chefin, die dann zum Herdenoberhaupt erkoren wird; meistens handelt es sich dabei um ein älteres Tier. Sie ist es, die sich nach der Siesta erhebt und laut blökt, als wolle sie sagen, es sei Zeit zu essen. Die anderen Schafe ahmen sie nach und folgen ihr. Es sind die Chefinnen, die im Herbst die Herden sicher zum Stall bringen, ohne sich je zu verirren. Und sie sind es auch, die den fernen Ruf des Hirten oder der Hirtin mit einem Blöken erwidern und sich auf die Stimme zubewegen.

Ein Schaf nannte ich *Canguro* (Känguru), weil es immer über die Umzäunung sprang, sobald ich wegschaute. Wenn es merkte, dass ich es genau im Auge behielt, legte es sich mit Unschuldsmiene zum Wiederkäuen hin; genauso macht es auch meine Katze, wenn ich ihr folge, um zu sehen, wo sie ihre frisch geborenen Jungen verborgen hält. Dann setzt sie sich ungerührt hin und leckt sich die Pfoten.

Wer behauptet, Schafe seien folgsam, versteht nichts von ihrem Wesen. Sie sind sturer als Maultiere. Nie ist es jemandem gelungen, ein Schaf gegen seinen Willen an einem Strick hinter sich her zu ziehen. Statt sich von der Stelle zu rühren, wirft es sich vielmehr auf den Boden, und wenn man es zum Aufstehen bewegen will, wird es dies mit solcher Wucht tun, dass der Unglückselige, der es am Seil führt, zu Boden fliegt.

Es gibt Schafe, die werden von Geburt an vom Pech verfolgt, nicht anders als gewisse Menschen. Ein solches Exemplar war *Mosè* (Moses). Es hiess so, weil es als Lämmlein einmal zwischen zwei kleinen, Hochwasser führenden Wildbächen eingeschlossen und nur wie durch ein Wunder gerettet worden war. Ähnlich erging es ihm, als es später irgendwann in ein Loch stürzte, aus dem es niemals mehr herausgekommen wäre, hätte man sein Blöken nicht bis hinunter ins Tal gehört. Und einmal wurde es auf einer Bergweide von einem Hund angefallen, doch es kehrte zum Stall zurück, um sich pflegen zu lassen. Eines Herbsts jedoch kam es nicht mit den anderen zurück. Und in meinem Verzeichnis zog ich einen weiteren schwarzen Strich. Ja, denn zahlreich sind die schwarz durchgestrichenen Nummern und Namen von Tieren, die im Frühling in die Berge zogen, aber im Herbst nicht wiederkamen. Die alten Bauern nannten diese Art Verlust *la fruciaia dal bosc* – die Opfergabe an den Wald oder die Weide, oder, wenn man so will, den Zehnten, den man der Natur entrichtet.

In den letzten Jahren sind die Verluste grösser geworden, und der Tribut an den Wald lastet schwer. Doch ist es nicht die Natur mit ihren Unwettern, die am meisten Schaden anrichtet. Für den Tod so mancher armer Tiere sind vielmehr die Hunde verantwortlich, die, gleich ausserhalb der Wohngebiete freigelassen, immer zahlreicher herumstreunen. Sie beissen den Schafen die Kehle durch oder verletzen sie an Beinen und Bäuchen.

Ein solches Blutbad, das zwei in mein Schafgehege eingedrungene Hunde angerichtet hatten, brachte mich zur Einsicht, dass es Zeit war, mich von meinen Schafen zu trennen. Ich habe einmal in einem Buch gelesen, dass uns das Leben andauernd Zeichen gibt, die wir verstehen lernen müssen. Ich hatte schon etliche Zeichen bekommen, doch konnte ich sie nicht sehen, und so hatte ich meine Herde behalten. Ich hätte das furchtbare Massaker verhindern können, aber ich habe es nicht getan. Die arme *Musonera* (Schwarze Nase) wäre nicht mit durchbissener Kehle an der Mauer verendet, und genauso wenig wären der *Macchiata*

(Gefleckte) die Beine gebrochen worden. Die beiden Gerippe, die ich im Wald fand, wohin die Herde vor den Verfolgern geflohen war – wem hatten wohl diese Tiere gehört? Hätte ich den Entscheid, die Schafe zu verkaufen, nicht ständig vor mir hergeschoben, wären die anderen Tiere, die trächtig waren, nicht massakriert worden. Doch nun ist es geschehen! Die Hunde von heute sind die Wölfe von damals: Sie töten und fressen.

Sobald es mir möglich war, habe ich den Schäfer Michele angerufen, und nachdem ich ihm die immer noch verängstigten Überlebenden gezeigt hatte, sagte ich schweren Herzens zu ihm: »Nimm sie mit; gib mir so viel, wie du vermagst, nur bitte, nimm sie mit.« Ich habe bloss die beiden alten Schafe behalten: die bereits angegraute *Nera* (Schwarze) und die *Orecchia rotta* (Kaputtes Ohr). Auch der Schafbock ist im Stall geblieben. Keiner will ihn. Er war einst ein zahmer Bock, doch jetzt ist er angriffig geworden. Vor einigen Tagen ist das Lämmlein der Orecchia rotta zur Welt gekommen. Als ich es in die Arme nehmen wollte, hat das Oberhaupt dieser geschrumpften Herde die Ohren zurückgelegt, und es war klar, was als Nächstes kommen würde: Er würde mich auf die Hörner nehmen. Da legte ich das Lämmlein wieder hin und sagte zum Bock: »Entschuldige, ich werde es nicht mehr tun.«

Dann schloss ich die Stalltüre hinter mir zu, damit die Tiere in Sicherheit waren.

Die Sitzbänke von Avegno

Wie jedes andere Dorf hat auch das meine seine Besonderheiten, die mich anziehen.

Aus diesem Grund möchte ich von den *possarèll* (Steinbänken) erzählen. Die Ortsstrasse führt zwischen den beidseits ordentlich aufgereihten Häusern hindurch. Diese Strasse war vormals unbefestigt, dann mit Kies bedeckt; später wurde sie mit Kopfsteinen gepflastert, und zwei Reihen grosser Gneisplatten bildeten die Fahrbahn. Weil der Fortschritt seine Opfer fordert, wurden die Kopfsteine und die Platten entfernt, um dem Asphalt Platz zu machen. Zum Glück verschwand dann auch dieser wieder, man kehrte zum Kopfsteinpflaster zurück, und die grossen Steinplatten markierten wieder den Weg. Die Bänke am Strassenrand vor den Häusern nahmen all diese Veränderungen gelassen hin.

Ach ja, die Bänke! Ich weiss nicht, wie es in den anderen Dörfern des Tals ist, aber bei uns ist es so, dass vor jedem Haus, das von unseren Vorfahren erbaut worden ist, eine oder zwei Bänke aus Stein standen und heute noch stehen, sei es neben dem Eingang, in einer Mauernische oder einfach am Rand der *caraa*. Diese Sitzbänke erzählen von einer Art des Zusammenlebens, die nunmehr verschwunden ist. An milden Frühlingstagen oder an warmen Sommernachmittagen sassen die älteren Leute dort im Schatten und schauten den Vorbeigehenden zu, grüssten und wurden ihrerseits respektvoll gegrüsst. Diese Menschen, die so viel gearbeitet hatten, fühlten sich nicht ausgegrenzt und waren noch immer Teil der Gemeinschaft, auch wenn sie nicht mehr aktiv waren. Alle kannten sie, und sie kannten alle. Sie wussten ganz genau, was sich im Dorf abspielte, im Guten wie im Schlechten. War das Tagewerk vollbracht, gesellten sich manchmal die anderen Familienmitglieder zu ihnen, aber die Alten waren es, die das Vorrecht auf diese Bänke hatten.

Wenn ich in Gedanken durch den Ortskern gehe, sehe ich noch immer die Menschen, die dort am Strassenrand weilten. Vor dem Restaurant sassen *Pédro* und *Liduina*. Beide stets gut gekleidet, er mit dem ewig gleichen schwarzen Hut auf dem Kopf und mit der womöglich bereits erloschenen Pfeife im Mund, sie nett und lächelnd, so begrüssten sie die Kundschaft, die auf einen Zweier Landwein, auf ein Schnäpschen oder zum Kartenspiel vorbeikam. Nebenan, vor ihrem Haus, das es heute nicht mehr gibt, sassen *Lüzia* und *Sevéra,* zwei ältere Schwestern, die eine verwitwet und die andere ledig. Von dort aus konnten sie die Vorbeigehenden beobachten und feststellen, wie die Jugend sich zum Schlechteren verändert hatte. Dann war da die Bank des anderen *Pédro,* des *Baciàcch*. Gross, mürrisch und mit vielen weissen Haaren, so sass er neben *Menghina,* die klein und dicklich war, freundlich grüsste und gerne lachte. Ein bisschen weiter vorn, in einer Einbuchtung gegenüber der Kirche, sassen an Sommernachmittagen, als auch sie älter geworden waren, *Sofia,* der *Pinela* und *Vezia*. Es waren drei unverheiratete Geschwister, von denen, wie ich mich erinnere, eines nach dem anderen starb, sodass die Bank immer leerer zurückblieb.

Gleich nach der Kirche kommt der Dorfplatz. Dort stehen eine Platane, der Brunnen und zwei grosse, schöne Bänke. Auf derjenigen, die vor ihrer Haustür stand, sassen *Pepo'n* und *Santa.* Er war nicht allzu gross und hatte einen riesigen, weissen Schnauz, sie war klein und breit in ihrem dunklen Faltenkleid. Wenn man stehen blieb, um zu grüssen, hatte sie immer eine Baumnuss, einen Apfel oder ein Bonbon für einen zur Hand. Auf diese Bank, aber auch auf die andere, die seitlich neben der Hauswand von *Nina* stand, setzten auch wir Jungen uns abends jeweils und sangen mit Begeisterung die ersten am Radio gelernten Lieder. Das Repertoire war breit und reichte von *Il Formighin* und *La Violeta* bis zu *Lili Marleen* und *Chiesetta alpina.*

Gehe ich etwas weiter auf meinem Weg, sehe ich, dass da, obwohl etwas verschoben, noch die Bank steht, die zuerst *Nina Stravangola* gehört hatte und später an ihren Neffen *Bagütt* überging. An ihn erinnere ich mich sehr gut, etwa wie er mit übereinandergeschlagenen Beinen neben *Gemma* sass, die alle immer freundlich grüsste. Das Haus von

Serafina hatte auf seiner Vorderseite keine Bänke, nur seitlich, in der kleinen *caraa,* gab es welche. Die beiden grossen Sitzgelegenheiten vor der *cà do Barbee* (Haus des Barbiers) machten diesen Mangel aber wett. Sie und das Haus sind inzwischen verschwunden, doch seinerzeit trafen sich dort *Rosa, Azona* und *Giacoma. Rosa* hatte Familie, die anderen beiden lebten alleine, und abends sah man *Giacoma* oft mit einem Schüsselchen Suppe aus dem Haus treten, mit dem sie sich neben *Azona* setzte, die gerade auch beim Essen war. Und so entgingen beide der Einsamkeit bei Tisch.

Geht man weiter, sieht man da vorne noch ein paar andere Bänke an den Hauswänden stehen, allerdings sind mir nicht viele Erinnerungen an die Menschen geblieben, die dort zu sitzen pflegten. Eine Ausnahme macht *Giacoma*. Wenn sie nicht gerade bei *Azona* war, sass sie dort vor ihrem Haus, oft auch in Gesellschaft ihrer Enkel, und beklagte sich bei den Passanten darüber, dass sie wegen ihrer schmerzenden Beine nicht mehr arbeiten könne. Gleich neben *Giacomas* Haus war die Post, damals noch eine wichtige Institution; da gab es das einzige Telefon der Gegend. Neben der Eingangstüre stand eine Sitzbank aus Stein, die heute aus Platzgründen leider verschwunden ist. Darauf sassen während einer langen Zeit, oft Händchen haltend, *Luisin* und *Delfina,* er sehr still, sie umso gesprächiger. Auch meine Kinder erinnern sich noch an Tante *Delfina,* die ihnen Bonbons gab.

Nach der Post ändern sich die Dinge. Auf sie folgt noch ein Haus, seine Eingangstür aber ist nicht zur Strasse hin ausgerichtet. Und vor einem sehr schönen alten Gebäude – ich erinnere mich nicht, es jemals bewohnt gesehen zu haben – gibt es noch kleine Mauern, auf die man sich hinsetzen kann. In seltenen Fällen ruhte *Zepp* sich dort aus, denn eigentlich hatten er und *Lüzia* ihre Bank ja auf der anderen Seite. Sie stand unterhalb der Strasse und war von einer Gartenmauer umschlossen, die die beiden vom Rest der Welt abgrenzte.

Bergheuet

Nach Peter und Paul, also nach dem 29. Juni, dachte man allmählich an den Bergheuet.

Hier im Tal war die Heuernte schon vorbei. Auf den Wiesen, wo der erste Schnitt bereits erfolgt war, wuchs das Gras wieder kräftig. Und auf den übrigen Feldern, wo immer man hinsah, war alles so, wie es sein musste. Die Grenzsteine waren allein zurückgeblieben; wie Wachposten ragten sie ein paar wenige Zentimeter aus dem Boden heraus und hüteten die nächste Ernte; bald würden sie hinter dem erneut spriessenden Gras wieder verschwinden. Auch die allerletzten Halme waren in die Heuschober gebracht worden.

Man bereitete nun den Aufbruch zu den untersten Maiensässen vor. Sie lagen unmittelbar über dem Dorf, waren nur einen Steinwurf entfernt und nicht so umständlich zu erreichen wie die Maiensässe und Alpen weiter oben. Das Gras hier war schöner, dichter, leichter zu mähen, aber für mich blieben es Orte der Arbeit. Hier wurde nicht übernachtet. Und zu essen gab es das, was man vom Tal hochgetragen hatte: Brot, Käse und einen Schluck Wein. Der Kaffee aber – schön heiss musste er sein – war schlicht unentbehrlich. Jede Familie hatte vor Ort einen Stall oder eine Hütte mit einer Feuerstelle in der Ecke, sodass eine Tasse des aromatischen Getränks auch gewiss nie fehlte.

Der Aufstieg zu den höher gelegenen Maiensässen erfolgte nach einem präzisen Schema, ja er war schon fast ein Ritual. Sobald im Osten der Morgen graute, stand man auf. Ich hasste diese Frühaufsteherei. Die Kälte der Morgendämmerung kroch mir in die Knochen, in denen ich die Bettwärme beharrlich zurückzuhalten versuchte. Auch die währschafte Tasse Milchkaffee mit viel Zucker, in die eine Scheibe Brot gebrockt worden war, konnte hier keine Abhilfe schaffen. Ich wurde einfach nicht wach.

Man brach in kühler Morgenluft auf. An der Spitze ging normalerweise der älteste Mann und bestimmte mit seinem Schritt den Rhythmus während des ganzen Marsches. In seinem Rucksack trug er neben all dem, das er später brauchen würde, auch eine wertvolle Korbflasche voll Wein. Zudem hatte er die Sense geschultert – mit eingeklapptem Sensenblatt, damit niemand sich daran verletzte. Hinter ihm folgten die anderen: zuerst die Männer mit ihren Rucksäcken und den Geräten, dann die Frauen und Kinder mit den *gerli,* die randvoll mit Essen für die ganze Familie bepackt waren.

Selten trugen Männer beim Aufstieg *gerli,* denn diese waren eigentlich den Frauen vorbehalten. Sie verfügten über eine besondere Ladetechnik. Leichtere Dinge wie Brot, Teigwaren oder Kleider wurden auf den Boden gelegt. Darauf kamen die schwereren: das Säcklein mit dem Polentamehl (darin wurden auch die Eier verpackt, damit sie nicht kaputtgingen), die Grappaflasche, Reis, Salz, Kaffee, Kartoffeln, Käse und anderes mehr. So war der *gerlo* im Gleichgewicht, erschien einem leichter und »zog« vor allem nicht so sehr »hinunter«.

Zuhinterst gingen stets zahlreich die Kinder. Man konnte sie nicht unbeaufsichtigt im Tal lassen. Nur die ganz kleinen blieben im Dorf, auf sie passten die Grossmütter und Tanten auf. Die grösseren Kinder führten die kleineren an der Hand und trugen bereits ihr eigenes kleines Bündel: Kleider, einige Jutesäcke fürs Heu mit dem dazugehörigen Strick und dem Haken für das Transportseil.

Der Marsch war weder schnell noch langsam. Der Atem passte sich dem Schritt an. Die Morgenkühle war bald aus den Gliedern gewichen. Die Kinder, die am Anfang noch gelärmt, gelacht und einander gestossen hatten, wurden von der ersten Müdigkeit eingeholt und schritten nun auch schweigend voran. Man sprach nur noch, wenn ab und zu für einige Minuten eine Pause bei den *posse* eingeschaltet wurde, die hier errichtet worden waren, damit man den Rücken und die Schultern entlasten konnte, die von den als immer schwerer empfundenen Lasten schmerzten.

Dann endlich erscheint in nicht allzu grosser Ferne das Ziel. Die Kinder schütteln ihre Müdigkeit ab und laufen um die Wette, springen an allen vorbei, um als Erste bei den Hütten des Maiensässes anzukommen. Auch den Erwachsenen, inzwischen schweissgebadet, wachsen neue Kräfte, und die letzten Meter werden aufatmend zurückgelegt. Die Männer deponieren ihre Rucksäcke sicher in der Nähe der Tür. Die Frauen lassen die *gerli* beim Stall an die Mauer gelehnt. Die *regiora* (älteste Frau) holt den Schlüssel da, wo sie ihn im letzten Herbst versteckt hat und wo er fremden Blicken entzogen war, das heisst in einem Loch in der Mauer oder unter einer Steinplatte. Sie schliesst die Türe auf und tritt in den kühlen Halbschatten, wo sie vom unverkennbaren Geruch der Berghütte empfangen wird. Es ist der Geruch von kalter Asche, feuchter Erde und von Buchenlaubsäcken. Vielleicht riecht es auch nach den Mäusen, die bis zu unserer Ankunft die uneingeschränkte Herrschaft über das Haus hatten. Es wird kaum gesprochen. Einige Kinder müssen die im Winter heruntergefallenen Buchenzweige einsammeln. Andere werden zur Quelle geschickt, um Wasser zu holen.

Die Männer ruhen nicht aus und treten nicht ins Haus ein, sondern machen die *ranza* bereit; und nur das Kreischen des Wetzsteins und das Sausen der Sense, die das Gras zwischen den Häusern der Siedlung mäht, zeugen von ihrer Anwesenheit. Die Frauen haben die Fensterflügel aufgestossen, die kalte, feuchte Asche entfernt und den Kessel für den Kaffee gewaschen, mit Wasser gefüllt und an der Kette über dem Feuer aufgehängt. Mit dem neuen Ginsterbesen, den sie auf dem letzten Wegstück gebunden haben, kehren sie den Boden von den Blättern frei, die der Wind zwischen den Steinplatten des Dachs hindurchgeschoben und in den Ecken aufgehäuft hat. Das frisch gemähte Gras vor der Hütte duftet nach Thymian. Die Mädchen heben die Laubsäcke aus den Betten und werfen sie auf die Mauer an die Sonne. Sie nehmen von den von Wand zu Wand gespannten Schnüren die Leintücher und Wolldecken ab, die so vor den Mäusezähnchen geschützt worden waren, und breiten sie auf dem niederen Dach des an den steilen Hang gebauten Heuschobers aus. Das Wasser kocht, und der Kaffee ist bereit.

Als nach ihnen gerufen wird, hören die Männer zu arbeiten auf und setzen sich mit dem Rücken zum Feuer, um das Hemd zu trocknen. Nun wird Kaffee getrunken – er hat einen etwas seltsamen Geschmack, einen wilden, wie die Alten sagen – und Brot und Käse gegessen. Dann geht es zurück an die Arbeit. Auch die Kinder haben gegessen und gehen nun den Erwachsenen zur Hand oder stöbern herum, wobei sie die Plätze und kleinen Spiele vom letzten Jahr wiederentdecken. Die Frauen folgen den Männern auf die Wiese, auch sie nun mit der *ranza* oder mit der *medola*.

Das Haus bleibt in der Obhut der Mädchen; sie fegen und putzen, waschen die alten gesprungenen Tassen, die schon immer hier auf dem Geschirrregal standen, betten die Laubsäcke wieder ein, und es ist, als spielten sie wie letztes Jahr »Müetterlis« (Mutter, Vater, Kind), mit dem Unterschied allerdings, dass sie es damals unter einem Felsvorsprung taten, der für sie das Hausdach war, und mit Keramikscherben, die sie auf eine Steinplatte stellten. Aus dem Heuschober holen sie den Kupferkessel, der hier unter einem Heuhaufen versteckt worden war, weil er so den Blitz nicht anziehen soll. Am Mittag dann ist die Polenta fertig.

Alle essen herzhaft. Nachdem die Männer satt geworden sind, legen sie sich in den Schatten, den Hut als Kissen, und unterbrechen die Mühen dieses langen Tages für eine Weile. Die Frauen und Kinder ruhen nicht aus, sie wenden das Heu da, wo wenig Sonne hinkommt oder wo der Boden feucht ist. Sobald es gut getrocknet ist, werden Gross und Klein zusammen das nach tausend Kräutern duftende Heu zum geräumigen Heuschober mit dem niederen Dach tragen. Bevor der Tag endet, verbrennen die Frauen vor der Hütte Stofffetzen, die wirklich niemandem mehr dienen, damit die Schlangen, vom übelriechenden Rauch vertrieben, das Weite suchen.

Und wenn sie abends die Suppe gegessen und noch einige Worte über den vergangenen Tag und die Arbeit des kommenden Tages gewechselt haben und wenn das Rosa des Sonnenuntergangs violett geworden ist und man die Sterne sowohl oben am Himmel als auch unten im Dorf sieht – dort sind die Lichter angegangen –, dann legen sich alle schlafen: die Kinder zu viert oder fünft im grossen Bett zusammen mit der ältesten Frau, die Mädchen und Frauen in der anderen Hütte, wo die Laubsäcke auf den Boden gelegt worden sind. Und die Männer breiten eine Decke auf dem alten Heu aus – das frische würde Rückenschmerzen verursachen – und legen sich nach einem endlos scheinenden Tag zur Ruhe.

Die *regiora,* die mit den Kindern schläft, wartet, bis im grossen Bett endlich Ruhe eingekehrt ist und Gelächter und Proteste verstummt sind; dann setzt sie sich ans Feuer, und bevor sie die Petrollampe abdreht, entnimmt sie ihrer Rocktasche den Rosenkranz und betet »In nomine Patris et Filii et Spiritus Sancti« und empfiehlt der Güte des Allmächtigen und der Madonna ihre Familie, die Hütten und die Ernte.

Und sie bittet auch um den ewigen Frieden für all jene, die vor ihr hier gearbeitet und gebetet haben.

Der Fluss

Es regnet!

Seit zu vielen, unendlich scheinenden Tagen schon ergiessen sich so enorme Wassermengen auf die Erde, dass man sich fragt, woher der Himmel sie nimmt. Die bereits durchweichte Erde kann keinen Tropfen mehr aufnehmen. Sie schüttelt das Wasser förmlich ab und lässt es von den Bergflanken und Höhen hinunterstürzen. Zuerst in Rinnsalen, dann in Bächlein und Wildbächen, und zuletzt trägt der Fluss es weiter, vielleicht dahin, woher es gekommen ist.

So ist der Berg mit zahlreichen weissen Bändern verziert, die, in ständiger Bewegung, ihre ewige Melodie ohne Worte singen. Von Mal zu Mal ändert sich die Musik, ist manchmal Wiegenlied, dann Lobgesang auf das Leben oder auch wütendes Kriegsgeheul. Dieser Gesang begleitet den Menschen seit je; und seit je liebt und respektiert der Mensch das Wasser, weiss er um seine Notwendigkeit und bewundert seine Sanftheit, fürchtet aber manchmal auch seine Gewalt. Diese fröhlichen, weissen, so unschuldig wirkenden Bänder vereinen sich zu einer Wassermasse, die sich vor nichts fürchtet und vor nichts Halt macht.

La Fim[1] (wer weiss, warum das Wort in meinem Dialekt weiblich ist?) dürfte der unbändigste Fluss der Schweiz sein; keiner wohl kann so schnell zu solch denkwürdiger Grösse anschwellen. Dann ist er wirklich beängstigend! Er ist wie ein entfesseltes, brüllendes Raubtier, wälzt die Steine auf seinem Grund, reisst Bäume aus, indem er die Uferböschungen umpflügt, und dabei wird er immer noch dunkler und wütender. Wenn du stehen bleibst, um ihn zu betrachten, und du ihn mit dem Blick fixierst, dann meinst du, er wolle dich mit sich fortschleifen, indem er dich mit den immergleichen und trotzdem sich dauernd verändernden Bewegungen seiner Fluten hypnotisiert und dich mit seiner mächtigen Stimme ruft.

Und wenn sich später alles beruhigt hat und der Fluss wieder der sanfte Freund geworden ist, findet man eine Unmenge Schwemmholz in allen Formen und Grössen, das sich in den Steinen verfangen hat. Früher warteten die Leute nicht, bis sich der Fluss wieder zurückgezogen hatte, sondern rannten zum Wasser, sobald es möglich war, das Holz zu sammeln, das vom Hochwasser angeschwemmt worden war. Sie schichteten es an einem sicheren Ort zu Haufen und legten einige Steine darauf als Zeichen dafür, dass dieses Holz einen Besitzer hatte. Und niemand rührte etwas an. Wenn ich heute daran denke, nach all der Zeit, heute,

---

1   Der Fluss; italienisch »il fiume«.

wo einem die Kürbisse von den Feldern und die Kohlköpfe aus den Gärten gestohlen werden, sobald man sich nur kurz umdreht, dann erinnere ich mich, dass es einst für alle selbstverständlich war, diese mit einem Stein gekennzeichneten Holzhaufen zu respektieren, auch wenn sie oftmals noch einige Tage am Ufer liegen blieben, bis das Holz etwas trockener und leichter geworden war.

Die Kinder, die geschickt und schnell von Stein zu Stein springen konnten, waren unentbehrlich fürs Holzsammeln am Fluss. Mir gefiel diese Arbeit gut, sie war so abwechslungsreich und voller Entdeckungen. Der Fluss änderte häufig seinen Verlauf: Da, wo vorher eine Sandbank gewesen war, gab es nun ein neues Becken, und da, wo vorher das grosse Schwimmbecken gewesen war, berührte man jetzt den Grund. Es war schön, nach dem Hochwasser Schwemmholz zu sammeln. Man fand alles: vom Tannenholz, das noch immer nach Hochgebirge roch, bis zum Buchenholz, das durch das Wüten des Flusses gegen die Steine geschlagen und von seiner Rinde befreit worden war und sich nun so glatt und sauber anfühlte, als sei es mit dem Hobel bearbeitet worden. Da gab es auch die knorrigen Kastanienäste, die ihre Rauheit verloren hatten und mit ihren bizarren Formen an seltsame Tiere erinnerten.

Und wenn dann das Schwemmholz im Hof einen ansehnlichen Haufen bildete, war man sicher, dass das Feuer im Kamin freudig tanzen würde und die Körnchen von

Glimmer oder Quarz, die im Holz während seiner langen Reise durch trübe Wasser eingeschlossen worden waren, wie Sternchen aufleuchten würden.

In Bezug auf das Schwemmholz gab es ein stillschweigendes oder auch schriftlich festgehaltenes Abkommen (so genau weiss ich es nicht): Die Leute von Avegno durften nur auf der linken Flussseite Holz sammeln, die Bewohner von Tegna nur auf der rechten Seite. Auf dem rechten Ufer aber gab es einen Ort – keine Ahnung, aufgrund welcher Abmachung –, wo wir von Avegno Sammelrecht hatten. Die Stelle heisst *Torneo*[2] und befindet sich vor der *Presa*[3], wo der Fluss einen scharfen Bogen nach links macht und sich so ein Strudel bildet, der alles, was im Wasser schwimmt, ans Ufer wirft. Und diesem Strudel ist es zu verdanken, dass mein Bruder noch heute bewegt davon erzählen kann, wie er damals als mageres Bürschchen vom Fluss erfasst, hinweggetragen und dort ans Ufer gespült wurde.

Der Fluss ist für das Dorf von grosser Bedeutung. Einst ein fischreiches Gewässer, trug er beträchtlich zur Aufwertung des Speisezettels bei. Meine Tante erzählte mir, dass ihr Vater im Sommer häufig kurz vor Mittag mit der Feld-

---

2 Wirbel, Strudel.
3 Ort der Wasserfassung für die Elektrizitätsgewinnung.
(A.d.Ü.)

arbeit aufhörte und zum Fluss hinunterging, um zu fischen. An solchen Tagen gab es dann in Butter gebratene Forellen mit Salbeiblättern im Bauch. Und dieses Essen sei so vorzüglich gewesen, dass sie sich heute noch an seinen Geschmack erinnere.

Onkel Luca hingegen fischte illegal mit der *scmuscia,* einem Netz, das an Ringen auf eine Stange aufgefädelt war und das man, wenn möglich, zu zweit handhabte, indem man es auf beiden Flussseiten führte. Das Netz, kaum höher als einen Meter, wurde ins Wasser gelassen und stromabwärts bewegt. Die Fische, die normalerweise gegen den Strom schwimmen, verfingen sich so in den Maschen. Wenn nun der Fischer den richtigen Zeitpunkt für gekommen hielt, zog er an einem Schnürchen, das am entferntesten Ring befestigt war, und das Netz faltete sich einem Zelt gleich zu seinen Füssen zusammen; darin zappelte rettungslos die verstrickte Beute.

Forellen fischte man in Leermondnächten, damit sie die Falle nicht sehen konnten. Um Äschen zu fangen, die, wie die Alten berichten, äusserst scharfe Augen haben sollen, musste man die Netze in Kastanienrinde auskochen, was sie dunkel färbte und demzufolge für Äschen unsichtbar machte. Mein Cousin, der Dirigent der Blasmusik von *Vinzòtt,* schnappte sich eines Nachts Luca's *scmuscia* und ging zusammen mit einem Freund bei der *Presa* fischen. Er kam anderntags mit einem so grossen Fang nach Hause, wie er während seines ganzen späteren Fischerlebens keinen mehr gemacht hat.

Der Zauber des Flusses liegt in der Schönheit seines Wassers. Wenn der Fluss im Frühling anschwillt, wird seine Farbe hellblau. Dann sagen die Alten, dass der Schnee oben im Gebirge schmilzt. Doch das Wasser ist zum Baden noch zu kalt. Sobald die Sonne etwas kräftiger und die Strömung nicht mehr so heftig ist, wie wunderbar ist es dann, sich in dieses saubere, erfrischende Wasser zu stürzen und darin zu schwimmen! Früher durften die Mädchen nicht im Freien baden gehen. Doch meine Mama brach mit dieser Tradition und begleitete uns an schwülen Sommertagen nach *Martasgiana,* wo es ein Becken gab, das wir den »Brunnen der Libellen« getauft hatten, weil da fortwährend diese farbig schillernden Insekten herumschwirrten.

Eines Tages beschloss unsere Mama, mit uns zum Fluss zu gehen. Das Wasser und der warme Sand waren einfach herrlich! Noch konnte ich nicht schwimmen. Da glitt ich von einer sandigen Uferböschung hinunter und fand mich plötzlich unter Wasser, ohne Möglichkeit, wieder herauszukommen. Ich dachte, ich würde sterben, aber seltsamerweise hatte ich keine Angst. Mit allen Kleidern stieg meine Mutter ins Wasser, packte mich an den Haaren und fischte mich heraus.

Es machte grosse Freude, sich an heissen Sommertagen in diesem Wasser abzukühlen. Fast hätten wir allerdings auf dieses Vergnügen verzichten müssen. Eine wohlmeinende Klatschbase ging zum Pfarrer und trug ihm die skandalöse Geschichte von den kleinen Mädchen zu, die in Unterhemdchen und nur bis zu den Knien reichenden Unterhosen badeten. Unsere Mama wurde zum Pfarrer zitiert, doch zum Glück war Don Giovanettina weniger moralistisch als die frommen Frauen seiner Gemeinde und beliess es bei einem Lächeln. So kam es, dass nach und nach andere Kinder zu uns stiessen und das Baden im Fluss erst recht zum Vergnügen wurde.

Der Fluss, so schön er ist, wenn sein wohltuendes Wasser ruhig dahinfliesst, erheischt grossen Respekt und ebenso grosse Vorsicht. Da fällt mir ein, was Romolo einmal widerfuhr: Weil sich ihm beim Fischen die hohen Fischerstiefel mit Wasser gefüllt hatten, verlor er den Halt. Während er um Hilfe rief, klammerte er sich an einem Pflock beim Stauwehr der *Presa* fest. Die Strömung hob ihn hoch und hielt ihn oben, doch allmählich verliessen ihn die Kräfte. Wir eilten auf seinen Hilferuf herbei, weil wir in der Nähe am Heuen waren. Palmiro watete ins Wasser, die anderen bildeten eine Menschenkette, und so konnte der Unglückliche gerettet werden. Retter und Geretteter umarmten einander weinend, der eine vor Rührung, der andere aus Dankbarkeit. Der Fluss konnte aber auch seine ganze Grausamkeit zeigen, als ein kleines Mädchen, das sich mit Schwimmen und Tauchen vergnügt hatte, nicht mehr an die Oberfläche kam. Als man es fand und ans Ufer brachte, waren alle Wiederbelebungsversuche umsonst. Da niemand sonst den Mut hatte, es zu tun, oblag es mir – ich war bereits erwachsen –, das Kind in die Arme zu nehmen und der Mutter zu bringen. Ich werde das nie vergessen. Ein anderes Mal verlor eine junge Frau aus Moghegno bei *Piècc* die Kontrolle über ihr Fahrrad und fiel in den Fluss. Sie wurde beim *Pozzo*, beim »Schwimmbecken«, aus den Fluten gezogen, aber es gab für sie keine Rettung mehr.

Doch nicht einmal das Wissen um die Gefahren, die beim Fluss lauern, konnte uns vom Wasser abhalten. Wir waren eine ansehnliche Schar von lärmenden und glücklichen Kindern, die beim *Pozz di Mott,* bei der *Presa* oder bei den *Saleggi* darum wetteiferten, wer am tiefsten tauchen oder am weitesten schwimmen konnte. Wir hatten gelernt, uns irgendwie über Wasser zu halten, ohne einen bestimmten Schwimmstil, gerade genug, um nicht zu ertrinken. Der Fluss gehörte uns, er war unser einziger Urlaub, unser Vergnügen, der Ort, wo wir an den Sommertagen zusammenkamen, er war Erholung und Erfrischung nach einem mit Heuen verbrachten Tag. Im Frühling fingen wir Kaulquappen in den Tümpeln, und dort verschluckte der Treibsand einmal den Holzschuh eines Jungen. Auf den feuchten Böschungen waren Feuersalamander und Kröten zu beobachten, und Wasseramseln und Eisvögel nisteten in der Umgebung.

Nun gehört der Fluss nicht mehr nur uns. Sie haben ihn seiner Kraft beraubt, und im Winter, wenn er fast ausgetrocknet ist, rinnt das bisschen Wasser traurig und trübe und nur zögerlich, so als würde es sich zwischen den mit grünlichem Schlamm bedeckten Steinen schämen. Im Sommer dann, nachdem die Schneeschmelze der Strömung neue Kraft verliehen hat, sind seine Ufer von Touristen bevölkert und so voll wie die Strände der Adria. Die langen Schlangen von parkierten Autos führen einem vor Augen, wie beliebt das frische, saubere Wasser ist, und von den Felswänden auf der anderen Flussseite hallen Geschrei und Gelächter wider und sind bis ins Dorf zu hören.

Aber am Abend, wenn die Schatten von den Bergen herabsteigen, wird alles ruhig, und der Fluss wird wieder, was er früher war. Eines Abends im Herbst wollte ich, zusammen mit meinem Bruder, noch einmal am Ufer entlangspazieren, und zwar von den *Motte* bis zur *Passarella,* zur Fussgängerbrücke. Alles war anders geworden. Der *Pozzone,* das »grosse Schwimmbecken«, in dem wir um die Wette getaucht waren, ist mit Sand aufgefüllt. Die Tümpel der *Saleggi* sind verschwunden und mit ihnen auch Kröten, Frösche und Feuersalamander. Sie wurden durch jede Menge Abfall ersetzt.

Aber die ewige Schönheit seines Wassers ist geblieben. Es gibt neue, prächtige Schwimmbecken. Ich habe diesen alten Freund mit anderen Augen gesehen, bewusster, habe neue Dinge entdeckt, die ich vorher gar nie wahrgenommen hatte, und die gleiche Zuneigung empfunden wie damals an den heissen Sommertagen, als ich in ihm badete. Auch wenn das Springen von Stein zu Stein heute viel mühsamer ist, so haben mein Bruder und ich verzaubert und stumm immer wieder innegehalten und das so stille, blaue und klare Wasser in den Becken betrachtet. Und während um uns herum die Fische auf der Jagd nach Insekten aus dem Wasser sprangen, tauchte hinter einem Fels, genau dort, wo der *Vico* jeweils seine Fangeisen für die *lüdria* (Fischotter) aufgestellt hatte, eine Entenfamilie auf – wer weiss, woher sie kam –, schwamm vorbei, ein Entlein hinter dem anderen, und kräuselte kaum die Oberfläche dieses traumhaften Wassers. Dies war alles neu für mich, nie zuvor hatte ich den Fluss so schön erlebt.

Wir blieben lange bei ihm und bestaunten ihn in der Abenddämmerung. Wie durch Zauberhand erschien in dem Moment auf einem Stein der anderen Flussseite der Umriss eines Graureihers. Unbeweglich, den Blick in die Höhe gerichtet stand er da, aufrecht wie ein Pfeil und bereit, sich zu den Wolken aufzuschwingen.

Der Ri grand

Jetzt haben sie ihn gezähmt.

Dem *Ri grand* haben sie den Weg gewiesen und ihm beigebracht, zwischen den eigens für ihn erbauten Ufern zu fliessen. So wird er nicht mehr ausbrechen können, wenn er tobt. In der Vergangenheit hat sich dies mehrere Male ereignet; dann ergoss er sich über die Strassen des Dorfes, schleppte Sand und Kies mit sich und überflutete Innenhöfe und Keller.

Der *Ri grand* entspringt in *Ciabött*[1] als klare Quelle. Er hüpft von Stein zu Stein, springt von Scholle zu Scholle, um danach im Bett zu fliessen, das er sich im Laufe von Millionen von Jahren selbst geschaffen hat. Obwohl er immer neu und rein erscheint, ist er so alt wie die Welt selbst. Auf seinem Weg ins Tal vereinen sich zahlreiche seiner Brüder mit ihm, die aus kalten, unterirdischen Quellen oder aus kleinen, von der Sonne aufgewärmten Bächen stammen.

Unsere Vorfahren gaben diesen Wasserläufen Namen, zumindest den sichtbaren. Sie sind zum Teil seltsam, aber

---

1 Ciabotti d'Alpe.

auch bezeichnend: *Ri d'la Sovénda*[2], *Ri di Frascalìn*[3], *Vall di Sesc*[4], *Ri da l'Ört*[5], *Ri di Bidéi*[6] und *Ri d'la Sèrta*[7]. All diese Zuflüsse geben ihre Identität auf, sobald sie sich mit dem Beherrscher des Tals, dem *Ri grand,* vereinen.

Ohne Wasser gibt es kein Leben, und unser Dorf verdankt sein Entstehen und seine Existenz diesem Wildbach. Während vieler Jahre haben ihn die Bewohner des Dorfes gereinigt, gepflegt und respektiert, wie man es mit etwas Wertvollem tut. Nachdem im 19. Jahrhundert ein mächtiger Erdrutsch niedergegangen war – die Stelle, wo sich der Hang löste, heisst seither *Darüsc'ée*[8] –, versuchte man vergeblich, einen Damm zu errichten, um das wegen einer Lehmschicht ständig rutschende Gelände zu sichern. Denn nichts sollte nach Möglichkeit den natürlichen Lauf des Wassers behindern, das, einmal im Tal angekommen, dem Überleben von Mensch und Tier diente.

---

2   Kleines Tal oberhalb von *Piagn d'Ovi* (von hier aus wurden die gefällten Bäume auf der Strasse ins Tal transportiert).
3   Bach, der den Wald von Frascalìn durchquert.
4   Tal der Steine.
5   Verläuft zwischen dem *Ri di Bidéi* und der *Vall di Sèsc.*
6   Fliesst von Faéda herunter.
7   Rechtsseitiger Hauptzufluss des *Ri grand.*
8   Erdrutschgefährdetes Gebiet nordwestlich von *Còrt vég,* das von einer Lehmschicht durchzogen ist.

Bei günstigem Wetter, wenn die Sonne die Erde erwärmt und die Vegetation den grössten Teil des erquickenden Regens aufnimmt, ist der Fluss ruhig und gutmütig. Schnell und sprudelnd fliesst das Wasser, springt vom abschüssigen Gipfel zwischen schwindelerregenden, fast senkrechten Felswänden hinunter zum *Piagn da la Vall*[9]. Hier mässigt es seine Geschwindigkeit, gleitet sanft dahin zum lieblichen Klang seiner eigenen immerwährenden Musik, und es ist, als liebkose es die während Abertausenden von Jahren geglätteten Steine. Nach einem ebenen Wegstück erreicht es Sprung für Sprung den *Müraiòn*[10], über den es in einem kleinen Wasserfall hinabfliesst. Diese Verbauung wurde um die Mitte des 19. Jahrhunderts nach einer schrecklichen Überschwemmung erstellt, mit dem Zweck, ein Auffangbecken für das vom Fluss herangeschwemmte Material zu haben. Aber die darauf folgenden Hochwasser füllten es vollständig, denn so leicht lässt sich der *Ri grand* nicht bändigen.

Vor dem *Müraiòn* ist die Landschaft seltsam. Auf der rechten Seite erhebt sich eine hohe, felsige und völlig unzugängliche Wand. Die Wand auf der linken Seite steigt hin-

---

9 Kleines, mit zahlreichen Felsblöcken übersätes Plateau, das beim Zusammenfluss von zwei Bächen liegt.
10 Damm, der im Jahre 1850 bei der Mündung der *Vall do Ri grand* erbaut wurde.

gegen stufenweise bis zu den Felsen des *Pizz* an. Sie scheint von Menschenhand erbaut, aber dem ist nicht so. Grosse, kantige und fast glatte Felsbrocken sind in die Bergflanke eingelassen und bilden eine Mauer von zyklopischen Ausmassen. Ich habe schon viele Male vergebens nach einer Erklärung für dieses Naturphänomen gesucht. Es mag sein, dass es mit dem Wechsel von Frost- und Tauperioden zusammenhängt, ich allerdings stelle mir gerne vor, dass der Bach, als er noch namenlos war und sich die Himmelsschleusen öffneten, vielleicht gar zur Zeit der Sintflut, so mächtig und stark gewesen ist, dass er diese Felsbrocken in den Berg hineingebohrt hat. Dabei hat er noch weitere, mit Schlamm vermischte Gesteinsbrocken talwärts geschleift und den Schuttkegel gebildet, von dem uns der Lehrer in der Schule erzählte. Dass der Untergrund unseres Dorfes aus Steinen besteht, wissen alle sehr wohl, die beim Bau ihres Hauses das Fundament ausheben mussten.

Unterhalb des *Müraiòn* bildet das Wasser zahlreiche Becken, eines schöner als das andere. Auf der linken Seite, am Fuss eines glatten Felsens, gleich hinter dem Staubecken der neuen Wasserleitung, da sind sie tief, und ihr Wasser ist grün und kalt, weil die Sonne hier nie hinkommt. Etwas weiter unten liegt der *Pozzon*[11] mit seiner an einen Fächer erinnernden Form. Er war schon zu Zeiten meines Gross-

---

11 Grosses Becken des *Ri grand.*

vaters und vermutlich noch früher der Lieblingsbadeplatz der Kinder.

Ruhig und lautlos fliesst der Bach nun noch ein Stück weiter und verschwindet bei Niedrigwasser gänzlich, um sich auf wer weiss welchen unterirdischen Wegen wieder mit der Maggia zu vereinen. Meist verläuft er schon vor der kleinen Brücke unterirdisch. Dort wurden die neuen Verbauungen mit den grossen Stufen errichtet, um dem Wasser den Weg zu weisen. Sie scheinen überflüssig, ja gar lächerlich zu sein für jene, die nicht wissen, wozu der *Ri grand* bei Hochwasser in der Lage ist.

Zum Glück kommt das nicht allzu oft vor, aber wenn es geschieht, dann kann man wirklich Angst bekommen. Nach tagelangen heftigen Regenfällen schwellen all die kleinen, so harmlos-heiteren Wasserläufe masslos an, ergiessen sich in den *Ri grand* und vervielfachen dessen Kraft und Gewalt. Er stürzt sich brüllend und gischtschäumend ins Tal und reisst alles mit sich, was sich ihm in den Weg stellt: grosse und kleine Steine, Erde, Büsche, Baumstämme, sogar mächtige Felsbrocken.

Man erzählt sich, dass die beiden riesigen Felsen, die nahe beim Grotto von *Balomìna*[12] stehen, einst vom Wildbach bei Hochwasser dort abgesetzt wurden. Sie sind nebeneinander zum Stillstand gekommen, und ihre Spitzen

---

12 Grotto unter einem Felsblock am linken Ufer des *Ri grand.*

lehnen sich aneinander, sodass sie einen Bogen bilden, unter dem sich hindurchgehen lässt. Es heisst, die zwei Felsbrocken dienten als Sperre gegen Wasser und Schwemmmaterial und schützten so *Vinzòtt.* Während vieler Jahre waren sie deshalb Ziel einer Prozession, auf der die Leute dem Herrn dankten, dass er mithilfe dieser Felsen die Häuser und die Felder des Weilers behütet hatte.

Den Besitzern der Felder, die auf der linken Seite, etwas unterhalb der kleinen Holzbrücke liegen, war dieses Glück leider nicht vergönnt. Dieses Gebiet war Kulturland und wurde von Felsen, Kies und Erde derart verwüstet, dass es seither nur noch *G'àna*[13] heisst. Wie meine Grossmutter mir erzählt hat, wurde unter den reichen Bürgern von Locarno Geld gesammelt, um den vom Unglück heimgesuchten Bauern zu helfen und ihnen neuen Mut zu machen. Das Geld sei allerdings nie bei jenen angekommen, die es wirklich nötig gehabt hätten. Die Menschen sind doch überall gleich!

Um 1930 herum zeigte der *Ri grand* ein weiteres Mal seine Zerstörungswut, durchbrach die Dämme vor der kleinen Brücke und verheerte ein für alle Mal die Wiesen auf seiner rechten Seite. Ich erinnere mich nur vage an dieses Ereignis, sehe mich sonntags nach der Messe an der Hand von *Ghidaza* Luisina von Stein zu Stein hüpfen und so nach

---

13 Steinhaufen, steiniges Gelände.

Vinzòtt zu ihr nach Hause gehen, wo es Geschnetzeltes mit Polenta zu essen gab.

Zu jener Zeit, dies bestätigen die damaligen Landkarten, teilte sich der Fluss gleich nach der Holzbrücke in drei Arme. Der erste, von Norden kommende, floss an der Bäckerei *Zamaroni* vorbei. Der zweite, also mittlere Arm ist der einzige, der heute noch existiert, während das Bett des dritten vor der Kreuzung mit der Strasse nach *Vinzòtt* nunmehr von Brombeer- und Haselsträuchern überwuchert ist.

Um 1970, nach dem letzten grossen Hochwasser, beschloss man, der Gewalt unseres Wildbaches etwas entgegenzusetzen. Herangeschwemmte Baumstämme hatten vor der Brücke eine Sperre gebildet, und deshalb war das Wasser auf der rechten Seite erneut in enormen Mengen über die Ufer getreten. Als zähflüssige Brühe bewegte es sich die Strasse abwärts in Richtung Avegno-Chiesa, überflutete Innenhöfe und Keller der weiter unten stehenden Häuser und bahnte sich bis zur Maggia eigene neue Wege. Als Vorkehrung gegen künftige Hochwasser vertiefte man das Flussbett, erhöhte die Brücke und errichtete vor allem Dämme, die den *Ri grand* zwingen sollten, in den vorgegebenen Bahnen zu bleiben.

Ist alles ruhig, dann ist es schön, das klar und friedlich fliessende Wasser zu betrachten und sich zu überlegen, wie eng das Leben des Dorfes mit diesem Wildbach verbunden war, der so viele verschiedene Gesichter hat und ohne den es nicht hätte überleben können.

Der Mensch war schon immer bestrebt, das Wasser so nah wie möglich an seine Behausung heranzuführen. Auch unsere Vorfahren haben dies auf jede erdenkliche Weise versucht. Es gibt Aufzeichnungen darüber, dass bereits um die Mitte des 19. Jahrhunderts in *Gésgia*[14] ein Brunnen stand. Demnach gab es schon damals eine Zuleitung; wie sie aussah und wann sie erbaut wurde, weiss man allerdings nicht.

Aus den ältesten Aufzeichnungen geht hervor, dass *Lüdint*[15] eine der Quellen nutzte, die oberhalb des Weilers bei *Madriiöi*[16] entspringen. Vermutlich führte eine Art Kanal das Wasser zu den Häusern, und sofern man einer alten Dorfgeschichte Glauben schenken will, ist es tatsächlich so gewesen. Diese berichtet nämlich von einem Bauern, der mit seinem Nachbarn im Streit lag. Um ihn zu strafen, verlegte er den Kanal, der durch sein Land verlief, und beraubte somit den ganzen Weiler des Wassers. Später verwendete man Bleirohre, und die Verteilung verbesserte sich.

Was *Gésgia* betrifft, ist nichts über Kanäle bekannt, aber es ist erwiesen, dass seine Bewohner später eine Wasser-

14 Avegno-Chiesa.
15 Avegno di Dentro.
16 Steiles Gelände mit Kastanienbäumen und zwei Quellen.

fassung auf der rechten Uferseite des *Ri grand* benutzten – dort, wo sich heute die kleine Metallbrücke befindet – und dass bei Niedrigwasser mit einem ausgeklügelten Siphonsystem im *Pozzon* gefischt wurde.

Vinzòtt zog so grossen Nutzen wie nur möglich aus dem Wasser des *Ri grand*. Als vermutlich ältester Dorfteil war es auch zuerst auf das unentbehrliche nasse Element angewiesen und bediente sich eines Kanals, der bei der *Batüda do Rünc*[17] begann. Dort waren auch Becken für das Einweichen des Hanfes ausgehoben worden. Der Kanal verlief längs des Weges, der von der Talstation des Transportseils in den Weiler hinabführt.

Auf der Höhe des Hauses *De Pietro* wurde das Wasser in zwei Becken aufgefangen, um danach im Kanal weiterzufliessen, einen Brunnen zu speisen und die erste Mühle zu erreichen, ein Gebäude, das inzwischen zum Ferienhaus umgebaut wurde. Noch immer ist der steinerne Teil des Kanals zu bewundern, wo das Wasser reichlich floss, um dann auf die Schaufeln des grossen senkrechten Mühlrades zu fallen, welches das Getriebe in Gang setzte.

Etwas weiter unten stand die nächste Mühle, wahrscheinlich mit waagrechtem Rad, denn hier gab es kein Gefälle. Von dieser Mühle wie auch von der dritten, die

---

17 Endstation des Transportseils, das von den *Mònt fòra* (Monti di Fuori) herkam.

genau dort stand, wo heute der Parkplatz ist, haben sich keine Spuren erhalten; lediglich in den Erzählungen älterer Menschen sind sie noch lebendig. Das Wasser des Kanals setzte seinen Lauf durch Wiesen fort, teils über-, teils unterirdisch, und liess dabei kleine feuchte und kühle Flecke entstehen oder erfrischende kleine Tümpel wie den von *Codèe ai Contoi*[18]. Zuhinterst, bei den *Madonne,* war der Kanal nur noch ein kleines Rinnsal, führte aber dennoch genug Wasser, damit sich in der kalten Jahreszeit eine kleine Eisfläche bilden konnte, auf der die Kinder in ihren *Zoccoli* mit den harten Sohlen vergnügt herumschlitterten.

Damals gab es in den Häusern kein fliessendes Wasser. Eine der ersten morgendlichen Aufgaben der Grossmütter bestand deshalb darin, zum Brunnen zu gehen und die Eimer zu füllen. Diese trugen sie in die Küche und hängten sie neben der kupfernen Schöpfkelle mit dem langen Griff an die Eisenhaken, die auf einer für alle angenehmen Höhe in der Wand verankert waren.

Uns Kindern bot der *Ri grand* viele Möglichkeiten, uns zu vergnügen. Im Herbst, wenn die Fische schön fett waren, liessen wir abends ab und zu das Wasser aus den kleinen Becken, in denen sich die Forellen aufhielten, abfliessen. Am Tag darauf, frühmorgens, noch bevor die Sonnenwärme den Fang hätte verderben können, holten wir die Beu-

---

18 Stück Land.

te, die uns ein vorzügliches Mittagessen bescheren würde. Wir fingen die Fische mit blossen Händen, die wir während langer Minuten vor dem Stein, wo die wendigsten Forellen sich versteckten, völlig bewegungslos ins Wasser hielten. Es handelte sich im wahrsten Sinne des Wortes um einen Geschicklichkeitswettbewerb. Mein Cousin, dessen lange und flinke Hände jenen seiner Mutter glichen (Hebammenhände, pflegten die Nachbarinnen zu sagen), war stets am erfolgreichsten. Es war so schwierig, die glitschigen Fische zu greifen und festzuhalten, dass wir, wenn es gelang, einen Freudenschrei ausstiessen, der im Tal widerhallte.

Auf unseren Streifzügen beim Fischefangen wurde ich mit dem Weg nach *Piagn da la Vall* vertraut. Später bin ich ihn oft gegangen, um morgens und abends die Ziegen zu melken, die an den Ufern des *Ri grand* weideten, und bin dabei ab und zu bis hinauf zum *Pizz* gestiegen.

Eines Abends antwortete die *Moscida,* eine schwarzweisse Ziege, die Milch wie kaum eine andere gab, nicht auf meinen Lockruf. Ich suchte sie lange, kletterte hinauf bis zu den Felszacken, bei deren blossem Anblick mir schon schwindlig wurde, aber von der Ziege keine Spur. Im darauffolgenden Jahr entdeckte ich ihre Überreste in unmittelbarer Nähe des *Müraiòn*. Ich erkannte sie an den wunderschönen Hörnern, die noch immer den verbleichten Schädel zierten. Sie war in den breiten Spalt zwischen zwei Felsen gestürzt. Als ich sie gesucht hatte, war ich dort in der

Nähe vorbeigekommen, ohne das geringste Geräusch oder das leiseste Meckern zu hören; nichts, was darauf hingewiesen hätte, dass sie den Sturz überlebt haben könnte.

Die Augenblicke der Nähe zum *Ri grand* waren mir immer sehr wertvoll.

Vielleicht werde ich jenes Gefühl tiefen Friedens nie mehr geniessen können, das mich erfüllte, wenn ich in vollständiger Stille – nur das Rauschen des Wassers war zu hören – auf einem glatten, von der Sonne gewärmten Felsen ausgestreckt lag und selbst Fels, Wasser und Luft zu sein glaubte, in vollkommenem Einklang mit der Schöpfung.

Im *Pozzon* pflegten alle Buben von *Vinzòtt* zu baden, während es uns Mädchen lange Zeit verboten war. Wie ich bereits erwähnt habe, badeten schon unsere Grossväter an warmen Sommertagen in diesem Becken. Noch heute erinnert man sich nämlich an einen tragischen Vorfall, der sich irgendwann gegen Ende des 19. Jahrhunderts ereignete. Ein paar Jugendliche, unter ihnen auch der Sohn von Onkel Ottavio, hatten sich zum Becken aufgemacht, um zu baden. Dieser Junge war Einzelkind und unter so grossen Mühen zur Welt gekommen, dass seine Mutter nach seiner Geburt nur noch an Krücken gehen konnte. Er war das Ein und Alles seiner Eltern, und sie setzten ihre ganze Hoffnung auf ihn. Da Onkel Ottavio nicht arm war, hatte sein Sohn bessere Kleider als die anderen, er wurde geliebt und umsorgt, und das brachte ihm – es war auch etwas Neid im Spiel – den

Spitznamen *Prinz* ein. Er galt als anders, und dies durchaus im positiven Sinn, aber eben doch als anders.

Das war vielleicht der Grund, weshalb ein grösserer Junge ihn mit einem heftigen Schubs ins Becken stiess. Seine erschrockenen Kameraden zogen ihn heraus und brachten ihn nach Hause, wo er ins Bett gelegt wurde. Er bekam hohes Fieber (das Schreckensfieber, hiess es), und wenige Tage darauf starb er. Die Eltern waren untröstlich. Alle schwiegen, aber Onkel Ottavio gelang es, den Schuldigen ausfindig zu machen. Er stellte ihn zur Rede und sagte zu ihm: »Ich bin Christ und muss dir deshalb verzeihen, aber lass dich hier nie mehr blicken, denn ich weiss nicht, was dann geschehen wird.« Der Junge war derart eingeschüchtert, dass er sobald wie nur möglich nach Amerika ging und nie mehr zurückkam. Dies ist das einzige Unglück, das sich am *Ri grand* ereignete; den Bach traf zwar keine Schuld, denn alle wissen, dass sie sich von ihm fernhalten müssen, wenn er tobt.

Als der Kanal auch der Abwasserentsorgung diente, wurde die Bevölkerung einmal im Jahr mit Glockenläuten dazu aufgerufen, an einem zuvor festgelegten Termin bei der Reinigung und Instandhaltung dieses Bauwerks mitzuhelfen. Gegen 1920 wurde die erste Wasserleitung für *Gésgia* und *Lüdint* erstellt. Ein Teil von *Vinzòtt* bediente sich noch des Kanals, während die Häuser in der Nähe des Waldes mit Wasser aus der *Selva* versorgt wurden. 1946 vergrösserte man das Reservoir und verbesserte das Verteilungsnetz. Vor wenigen Jahren konnte das zur Verfügung stehende Volumen noch gesteigert werden, indem man das an der Quelle von *Pörsc*[19] gefasste Wasser ebenfalls zuleitete.

Heute existiert der Kanal nicht mehr. Er lebt aber weiter in meinen Erinnerungen daran, wie frisch sein Wasser war, in dem wir planschten, und wie nützlich er dem Onkel war, der sich ein System von Riemen und Rädern ausgedacht hatte, um neben seiner Schmiede mithilfe der Wasserkraft die Kurbel des Butterfasses anzutreiben.

Das Erstaunlichste aber war, dass der Kanal imstande war, das grosse Mühlrad zu bewegen. Sein Wasser fiel auf dessen Schaufeln, und das Rad drehte sich unter Gespritze und Gequietsche. Gregorio, der letzte Müller, war ein seltsamer Typ und hatte den Spitznamen *Tac.* Schon die kleinste Provokation liess ihn zornig werden. Deswegen machten sich die Lausbuben des Weilers einen Spass daraus, das Wasser des Kanals umzuleiten, wenn er bei der Arbeit war, und so die Mühle zum Stillstand zu bringen, was ihn natürlich zur Weissglut trieb.

Als es nichts mehr zu mahlen gab, richtete der Onkel in dem alten Gebäude eine Schreinerei ein. Er nutzte die Wasserkraft, um diverse Maschinen zum Schneiden, Drechseln, Bohren und Hobeln des Holzes anzutreiben, damit er

---

19 Maiensäss auf der rechten Seite des Weges nach *Montègia.*

Rechen, Sensenstiele, Lattenzäune und alles, was es für das bäuerliche Leben brauchte, anfertigen konnte.

Auch wenn der Onkel so falsch wie ein zerbeulter Blechkanister sang, trällerte er beim Arbeiten vor sich hin, und wir standen da und bestaunten das Treiben, das von etwas so Einfachem und Vertrautem wie dem Wasser des *Ri grand* in Bewegung gehalten wurde.

Die Steinmetze

Sie kamen am Abend zurück, wenn sich die langen Schatten bereits in die Gässchen zwischen den Häusern legten.

An einer Schulter trugen sie den Werkzeugkasten mit den Eisen, der zu wertvoll war, um unbeaufsichtigt herumzustehen. Die schweren Nagelschuhe, vom Staub ganz weiss, kratzten auf dem Kopfsteinpflaster der *caraa*. Unter der Tür nahmen sie den Hut ab und klopften ihn auf dem Knie aus, sodass eine weisse Staubwolke aufstieg, da alle Kleider, nicht nur der Hut, staubbedeckt waren. Sie setzten sodann den Werkzeugkasten hinter der Türe ab und nahmen am Küchentisch Platz, tranken ein Glas Landwein, um sich den Mund zu spülen, und warteten darauf, dass die Suppe geschöpft wurde. Sie waren vom Morgengrauen bis zum Einnachten tätig gewesen, hatten mit rhythmischen Fäustelschlägen unermüdlich ein Material bearbeitet, das so hart ist, dass es unbezwingbar scheint, hatten es gespalten, ausgehöhlt und behauen.

Fast jede Familie besass ihre eigene *predèra* (Werkplatz), wo sie Steine abbaute für Mauern, *carasc* (Pfeiler aus Stein, die im Weinberg als Stützen dienen), Schwellen, Türstöcke und -stürze, für Böden und Dächer, Kamin-, Balkon- und Fenstersimse, für Schweinetröge, Hühnertränken und hundert andere nützliche Dinge des täglichen Bedarfs, die zudem bei entsprechender Nachfrage verkauft werden konnten. Alle diese Gegenstände wurden einzig und allein mit der Hand gefertigt. Es gab keine Maschinen, die den »Steinklopfern« ihre Schwerstarbeit erleichtert hätten. In ununterbrochener Folge hallten die Schläge gleich einer Musik von einem Werkplatz zum anderen. Jeder Hammerschlag war einzigartig in seinem Klang, seinem Rhythmus und seiner Kraft. Mein Onkel war ebenfalls Steinmetz und behauptete, dass er jeden Arbeiter an seinem Fäustelschlag erkenne.

In meinem Dorf gibt es keine Belege dafür, dass es an diesen Berghängen früher einmal Steinbrüche gegeben hat. Obschon es Steine in Hülle und Fülle gibt wie in kaum einem anderen Dorf, muss es wohl an ihrer minderen Qualität liegen oder am unwegsamen Gelände. Doch auch bei uns war, neben der Landwirtschaft, die Steinbearbeitung die einzige Einnahmequelle, um zu überleben und eine Familie durchzubringen.

Da es richtige Steinbrüche nicht gab, lieferten die sogenannten *trovant* das nötige Material. Das waren Felsblöcke, die auf den Wiesen oder am Fuss des Berges lagen. Die grössten Brocken hatten möglicherweise die Gletscher einst abgesetzt, die kleineren hatte der wütende Wildbach, der *Ri grand,* hergebracht. Wer ein Grundstück besass, auf dem so ein spalt- und bearbeitbarer Block thronte, der konnte sich glücklich schätzen. Die anderen durften vielleicht auf dem

Boden des Patriziats, das heisst der Bürgergemeinde, gegen Bezahlung Steine brechen.

Noch heute sind die Spuren dieser *predère* zu sehen, dieser Werkplätze, wo Steine zahlreicher Arten herumliegen.

Da ist zunächst einmal der Granit mit grobem schwarzem und weissem Korn, der wer weiss woher stammt und den man nur mit Fäustel, Spitzeisen und Meissel bearbeiten kann, weil er keine Schieferung besitzt. Er lässt sich schlecht spalten, und man muss wissen, wie man ihm eine Form geben kann. Die Stützbalken vieler alter Häuser bestanden aus diesem speziellen Material. Dann sind da auch die *giandöi* (Granit von minderer Qualität), die ebenfalls nicht gespalten werden können, als grob behauene Stücke für den Bau von Steinmauern dienten und mit ihren bizarren Bänderungen und den grossen Quarzstücken schön anzusehen sind.

Am häufigsten aber sind die Felsbrocken aus Gneis, dem König aller Gesteinsarten in unserer Steinregion. Er besitzt jede erdenkliche Schattierung von Dunkel- bis Hellgrau, manchmal fühlt er sich glatt, dann wieder rau an, und er lässt sich recht gut behauen. Er wird zu *carasc* für die Reben verarbeitet, zu Tischplatten oder Steinbänken und vielen anderen Gegenständen, je nach Bedarf. Wenn der Gneis jedoch die Eigenschaften und Schieferung des Paragneises besitzt, können die gleichmässig glatten und schönen, für Dächer und Böden verwendbaren Platten in der richtigen Dicke gewonnen werden.

Die Kenntnisse, die sie ihren Vorgängern verdankten, die Erfahrung und das schon instinktiv zu nennende Materialwissen verliehen diesen Steinarbeitern eine atemberaubende Kunstfertigkeit. Ein Stein besitzt »Kopf« und *trincant*[1]. Wenn er nicht in der richtigen Richtung behauen wird, ist er brüchig und zerspringt leicht.

Wenn die Steinmetze darangingen, aus dem Felsblock grosse Stücke herauszubrechen, wurde die *cügnèra,* die Keiltechnik, angewandt. In die mittels Spitzeisen und Fäustel eingetieften Keiltaschen wurden Keile getrieben: kantige Eisen, die auf keinen Fall den Grund der Löcher berühren durften, weil sich sonst der Stein der falschen Richtung nach gespalten hätte. Auf jeden Keil schlug der Steinmetz dreimal mit dem Vorschlaghammer, dann hielt er inne und horchte, wie der Stein knirschte, und dann schlug er wiederum dreimal. Diese Arbeitsweise sorgte für einen fast schon musikalischen Rhythmus, bis die Keile in die Schlitze hinunterfielen und der Stein mit einem abschliessenden Basston auseinanderbrach.

Fürs Spalten von Dach- und Bodenplatten oder der bis zu drei Meter langen *carasc* sowie um andere Gegenstän-

---

1 Stecken oder Stock; die Autorin bezieht sich hier auf die Spaltbarkeit eines Holzscheites, das man längs der Faser hackt. Hier ist die Spaltrichtung des Steins gemeint, die parallel zu dessen Schieferung verläuft. (A.d.Ü.)

de von geringer Dicke zu erhalten, wurden *ponciott* (kurze Eisen mit keilartiger Schneide) verwendet, die ebenfalls in vorbereitete Löcher eingeführt wurden. Wenn der Spalt drei Millimeter breit war, goss man Wasser hinein, um ihn auszuweiten.

Die Eisen, das heisst Spitzeisen, Schlageisen, Zahn- und Nuteisen, sowie die Meissel waren kostbar und wurden so lange wie nur möglich gebraucht. Jeder Steinmetz war zugleich Schmied. Unweit der *predèra,* des Werkplatzes, stand eine Schmiede mit einem kleinen Tretblasbalg. Das geübte Auge erkannte die richtige Farbe des Eisens, wenn es über dem Feuer kirschrot geworden war und bearbeitet werden konnte. Auch hier begleitete ein Rhythmus die Arbeit, doch der Ton war metallischer, Eisen traf auf Eisen, und der Amboss sang. Dann folgte das Zischen des glühenden Eisens bei der Härtung im Wasser.

Mit der *ritempera,* dem Nachhärten der Eisenspitze, fand diese sehr wichtige Arbeit ihren Abschluss. Dabei tauchte der Steinmetz die Spitze ins wenige Millimeter tiefe *pilett* (Wasserbecken aus Stein) ein. Vom Resultat dieser Arbeit hingen Verwendungsmöglichkeiten und Lebensdauer der *poncia* (Eisenspitze) ab. Wenn sie zu hart war, brach sie sofort, wenn zu weich, wurde sie beim ersten Hammerschlag flachgeklopft.

Noch etwas verstanden diese Arbeiter mit grossem Geschick: Sie wussten, wie man einigermassen »mühelos« mehrere Zentner schwere Steine verschob. Mit den *cürli*², mit Hebeln oder Holzpfählen gelang es ihnen, ihre Werkstücke langsam und sachte auf die *baiarda*³, auf grosse zweirädrige Wagen oder auf Pferdefuhrwerke zu laden, um sie dann zu ihrem Bestimmungsort zu befördern und dort aufzurichten.

In meinem Dorf gab es einmal eine Strasse, die hiess »dei Cavall«, also »der Pferde«, und endete bei einem riesigen Felsbrocken, an dem heute noch die Zeichen der *ponciotèra*, der Steinbearbeitung, zu sehen sind. Aus ihm wurden die Steinplatten gehauen, die in den Kopfsteinpflaster-Strassen als Fahrbahnen eingelassen sind. Die Alten erzählen, dass einmal ein mit schweren Steinplatten beladenes Fuhrwerk just vor der Kirche umkippte und den Arbeiter, der neben dem Wagen herging, unter sich begrub.

Aber die Alten erzählen auch, dass die Steinplatten, die von Solduno bis zur Kirche Sant'Antonio in Locarno die Fahrbahn bilden, von *unseren* Felsblöcken stammten. Mir gefällt die Vorstellung, wie stolz diese Arbeiter-Bauern auf ihr Werk sein mussten, wenn sie zu Fuss zum Markt von Locarno unterwegs waren und auf den Steinen gingen, die sie persönlich behauen hatten. Sie mussten sich darauf wie zu Hause fühlen.

---

2   Rundhölzer, die an den Enden mit einem Eisenring verstärkt sind.
3   Niedriges, einrädriges Wägelchen ohne Umrandung.

Das Mosaik

Ich wurde gefragt, warum ich die Hauptfiguren der folgenden Erzählungen Persönlichkeiten genannt habe. Mein Gesprächspartner war der Meinung, dass ich sie einfach hätte Personen nennen sollen, weil sie dies im Grunde genommen waren.

In jenem Augenblick wusste ich nicht, was antworten. Aber als ich später darüber nachdachte, kam ich zum Schluss, dass es wirklich Persönlichkeiten gewesen sind, die auf meiner Lebensbühne vorbeizogen, sie zu einem bestimmten Zeitpunkt belebten und auch ihre Spuren darauf hinterliessen.

Ein Dorf, wie übrigens die ganze Welt, ist wie ein grosses Mosaik aus vielen tausendfarbigen Steinchen zusammengesetzt. Oftmals sind die kleinsten darunter auch die farbigsten. Und ich möchte einige auswählen und über sie sprechen.

Pedro und Liduina

Heute ist der 29. Juni, Tag der Heiligen Peter und Paul.

Abgesehen davon, dass es der Geburtstag meines Bruders ist, ist es auch das Fest all jener, die Pietro, Pedro, Pierino usw. heissen. Vor vielen Jahren feierte *Pedro* Crespini diesen seinen Namenstag in grossem Stil.

Pedro war Besitzer des *Ristorante della Stazione*. Für uns war er eine ganz, ganz wichtige Person, weil er die Gazosa ausschenkte. Andere Getränke interessierten uns nicht. Aber die Gazosa, in diesen Flaschen mit dem geschmirgelten Glaskügelchen, das als Verschluss diente, war ein Zauberding für uns. Die Gazosa bildete Tausende von Bläschen, die uns in die Nase stiegen und uns zum Niesen brachten; zudem war sie köstlich. Es gab weisse, gelbe und rote Gazosa, alle ein Hochgenuss.

Pedro und seine Frau *Liduina* lernte ich kennen, als sie schon alt waren. Er hatte einen weissen Schnauz und immer den Hut auf dem Kopf, sie war rundlich und trug ein schwarzes Kopftuch über dem dünn gewordenen Haarknoten. Zusammen bewirteten sie Einheimische und Auswärtige. Pedro war zudem ein wichtiger Bürger: Er war Mitglied bei der »Bruderschaft des heiligen Sakraments« *(Confraternita del Santissimo Sacramento).* An hohen religiösen Festen sass er mit weisser Kutte, einem roten Mäntelchen und mit einer Kordel um den Bauch im Chorgestühl und intonierte abwechselnd mit seinen Mitbrüdern die Vesperpsalmen. Bei Prozessionen trug er nebst seinem Gewand auch einen Stab mit Silberinsigne. Ich glaube mich zu erinnern, dass *Battista* Prior der *Confraternita* war; er war Pedros Bruder und Chordirigent (ob mit Erfolg entzieht sich meiner Kenntnis).

Zurück zum 29. Juni: Nach der Messe gingen wir Kinder in den Garten und schnitten Hortensien (was für eine Enttäuschung, wenn sie noch nicht blühten!). Mit einem Strauss in der Hand rannten wir sodann los, um Pedro zu seinem Namenstag zu gratulieren. Er empfing uns im Hof seines Restaurants, wo auf etwas wackeligen Eisentischchen bereits viele Gläser bereitstanden. Wenn die Zeremonie der Blumenübergabe vorbei war, setzten wir uns ganz brav auf die ebenfalls nicht sonderlich stabilen Eisenstühle. Und dann schenkte uns Liduina Gazosa ein. Sie holte das Getränk direkt aus dem Keller – so gut, so frisch! Es rann nur so die Kehle hinunter, eine wahre Freude. Dann mussten wir etwas singen, was wir in der Schule gelernt hatten. Als Geschenk dafür erhielten wir noch je ein Bonbon. Den Geschmack der Gazosa im Mund und ein Bonbon für später in der Tasche kehrten wir nach Hause zurück.

Diese Persönlichkeit, also Pedro, war eine der vielen, die das Dorfleben vor manchem Jahr bereichert haben. Heute hat man das Gefühl, die Menschen seien alle gleich; da ist keiner mehr, der hervorsticht (weder im Guten noch im Schlechten); und wenn jemand trotzdem auffällt, sind wir so gut erzogen, dass wir so tun, als hätten wir es nicht bemerkt.

Tiberio und Tiberia

Wer erinnert sich noch an *Tiberi* und *Tiberia*?

Er, Tiberio, gemeinhin Tiberi genannt, mit dem gewichtigen römischen Namen – er war der erste Anarchist, den ich ausrufen hörte: »Alle Patrons sind Schweine, sie beuten die Arbeiter aus!« Er war in eine arme und randständige Familie geboren worden und versuchte als junger Mann irgendwann in die Deutschschweiz auszuwandern. Er war intelligent, obwohl er kaum lesen und schreiben konnte. Ich weiss nicht, ob er Maurer oder Gipser war, aber er hatte den Ruf, ein guter Arbeiter zu sein, wenn auch nicht ein besonders fleissiger.

Das sozialistische Gedankengut fiel bei ihm auf fruchtbaren Boden; vielleicht fühlte er sich zum ersten Mal in einer Gruppe aufgenommen, einer Gruppe zudem, die sich für die Rechte von armen Leuten wie ihm stark machte. Bisher hatte er keinerlei Ansehen genossen und nie die Möglichkeit gehabt, seine Meinung zu äussern. Und so wurde er denn sozialistischer Anarchist. Wahrscheinlich um seinen Prinzipien oder seiner Einstellung treu zu bleiben, hörte er irgendwann auf zu arbeiten, nahm an politischen Versammlungen teil, schrie lauter als die anderen und wurde zum eifrigen Spelunkenbesucher.

Die Stadt Zürich schrieb der Gemeindebehörde von Avegno und äusserte das Begehren, von einem solchen störenden Element befreit zu werden. Die Heimatgemeinde möge doch für dessen Rückkehr sorgen. Die Gemeinderäte versammelten sich eines Abends zu einer ausserordentlichen Sitzung, um zu entscheiden, was zu tun sei. Damals befand sich der Sitz der Gemeindebehörde in einem Lokal gerade oberhalb des Bogengangs der Kirche. Man erreichte es über eine Aussentreppe. Nach langen Diskussionen hob man die Sitzung auf, ohne einen konkreten Entschluss gefasst zu haben. Doch als die Gemeinderäte die Treppe hinunterstiegen, um nach Hause zu gehen, sass dort Tiberi seelenruhig auf der letzten Stufe. Er hatte sich in einem Waggon versteckt, der Gemüse von Zürich ins Tessin beförderte, war zwischen Kohlköpfen und Kartoffeln bis nach Locarno gekommen und hatte das letzte Stück bis zu seinem Heimatdörfchen zu Fuss zurückgelegt.

Diese Geschichte hat mir meine Mutter erzählt, und ich bin mir sicher, dass sie stimmt, denn ich erinnere mich daran, wie wir Bengel Tiberi nachliefen, wenn er im Zickzack nach Hause torkelte, und riefen: »Wie wars im Gemüsewaggon?«

Irgendwann trat eine Frau in Tiberis Leben. Ich habe nie erfahren, ob sie wirklich seine Frau war, aber alle nannten sie Tiberia. Sie war eine Deutschschweizerin, eher robust gebaut und mit blonden Haaren. Sie hiess Emma und war eine gute Schneiderin. Ich weiss nicht, ob sie die politische Gesinnung ihres Gefährten teilte, ich weiss nur, dass beide leidenschaftlich gerne tranken.

Sie nähte für die Frauen und die Mädchen im Dorf Kleider und bekam dafür ein paar Franken, meistens allerdings eher eine Korbflasche Wein oder ein Fläschchen Grappa. Er blieb seinem Prinzip treu, die Patrons nicht zu bereichern, und liess sich nur ab und an dazu herab, eine Arbeit für einen Dorfgenossen zu erledigen. Er war aber seltsamerweise sehr stolz darauf, ein tüchtiger Arbeiter zu sein, und wurde schrecklich wütend, wenn jemand ihn Handlanger nannte.

Die beiden waren geübte Tänzer. Er mit schwarzer Mütze und rotem Halstuch, sie in blauem Jupe und weisser, bestickter Bluse, so stellten sie sich an Sonntagnachmittagen im Restaurant *Castagneto* von Ponte Brolla zur Schau und tanzten mit meisterhaftem Können Walzer, Mazurka, Polka und Tango. Tiberia riss einmal der Gummizug ihrer Unterhose, diese rutschte hinunter und wickelte sich um ihre Knöchel, sodass sie stolperte – natürlich sehr zum Vergnügen der Zuschauer. Aber je später es wurde, desto unsicherer wurden die Schritte.

Wenn die Gäste des Lokals sahen, dass Tiberi zu wanken begann, gaben sie ihm einen aus, damit er auf den Tisch stieg und politische Reden hielt. Es machte ihnen einen Heidenspass, wenn er seine Ideen, die sie für völlig verrückt hielten, zum Besten gab.

Spätabends, wenn die Grotti und Restaurants geschlossen waren, kehrten Tiberio und Tiberia auf wackeligen Beinen Arm in Arm nach Hause zurück. War die Nacht mild und die Müdigkeit gross, kam es vor, dass die beiden sich auf eine Wiese legten und selig schliefen.

Irgendwann verschwand Tiberia, sei es, dass sie starb, sei es, dass sie einfach nur wegging, und Tiberio blieb allein zurück.

Er trank immer mehr und wurde zusehends ungepflegter. Zu jener Zeit wohnte er in *Vinzòtt* in einem alten Gebäude, das *Haus des Vicari* genannt wurde. Im Winter mummte er sich in einen alten, schmutzigen Mantel ein, um den Hals trug er einen ganz und gar schmierigen Schal und auf dem Kopf eine Mütze, die auch schon bessere Zeiten gesehen hatte. So ging er nach *Gésgia,* setzte sich in Floras Osteria und wartete den ganzen Tag darauf, dass ihm jemand ein Glas Wein oder ein Bier bezahlte. Am Abend kehrte er dann zusammen mit Tiglio heim nach *Vinzòtt* und zog sich in seine Hütte ohne Strom und fliessendes Wasser zurück. Wasser hatte er nur, wenn der Regen vom Dach herunterlief. Tags darauf ging Tiberio, noch ungepflegter als zuvor, wieder zu Flora, schleifte dabei die Füsse nach und stützte sich auf seinen Stock, aber würdevoll erhobenen Hauptes, ein Arbeiter, der sich von den Patrons nicht ausbeuten liess.

Im Sommer war das Leben einfacher. Er konnte sich unter die Platanen vor der Osteria setzen, wo es angenehm frisch war. Meistens leistete ihm Dolfo Gesellschaft, und sie waren in Diskussionen vertieft, in denen die Wörter »Patron« und »Arbeit« wie Schmährufe ausgesprochen wurden.

So lief es über mehrere Jahre. Doch dann, an einem sehr heissen Tag, erschien Tiberio nicht am üblichen Treffpunkt. Auch am nächsten und am übernächsten Tag nicht. Einer, der sich Sorgen machte, ging zum *Haus des Vicari,* um ihn zu suchen. Tiberio lag röchelnd und dem Sterben nah auf seinem … Ich weiss nicht, wie ich diese Ansammlung von Lumpen nennen soll, die ihm als Lager dienten. Er war bleich und kaum noch bei Bewusstsein. In der Kammer herrschte ein schrecklicher Gestank, mit dem sich Petroleumgeruch mischte. Auch ich half mit, diesen armen Alten von seinem Bett zu heben und ihn mehr schlecht als recht zu waschen, ihn in ein sauberes Leintuch zu hüllen und auf die Tragbahre zu legen, damit ihn die Ambulanz, die auf der *Piazzetta* wartete, ins Spital bringen konnte.

Aus seinen wenigen gemurmelten Worten und den Schlussfolgerungen der Behörden ergab sich, dass Tiberio, um die Flöhe zu töten, die ihn bei lebendigem Leibe aufzufressen drohten, eine Wolldecke mit seinem Lampenpetroleum durchtränkt und um sich gewickelt hatte, bevor er sich zum Schlafen hinlegte. Vielleicht hatte er sich vergiftet, indem er die Dünste dieser Flüssigkeit eingeatmet, vielleicht indem er sie über die Haut aufgenommen hatte, Tatsache ist, dass es Tiberio so schlecht gegangen war, dass er nicht mehr die Kraft gehabt hatte, um aufzustehen.

Im Spital empfingen ihn die Nonnen mit der gewohnten christlichen Nächstenliebe. Zur Verstärkung riefen sie den Hilfskrankenpfleger Battista, seinen Dorfgenossen, und steckten ihn als Erstes in die Badewanne. Er rebellierte und versuchte dieser Schmach zu entkommen, aber er war zu schwach dafür. Als er gewaschen, gestriegelt und gekämmt ins Bett gelegt wurde, begann für ihn die Hölle. Er war nicht mehr frei, musste schlafen, essen und sich waschen, wenn andere es ihm befahlen. Und er durfte nicht trinken! Das war zu viel für ihn. Er, der sich nie einem Befehl gebeugt hatte, er, der Atheist, Pfaffenfresser und Nonnenhasser, musste jetzt den Klosterfrauen gehorchen, die mit ihm schimpften wie mit einem Kind.

Er hielt es nicht lange aus. Wenige Tage später hiess es im Dorf, Tiberio sei gestorben. Einer sagte, daran sei das Petroleum schuld gewesen, Böswilligere meinten, dass es der Schock des Bades gewesen sei, und wieder andere nannten als Todesursache den Alkoholmangel.

Ich hingegen glaube, dass der Verlust der Freiheit seinen Lebenswillen gebrochen hat.

Tiglio und die Maestra

Auch *Tiglio,* ein Trinkgenosse des Tiberio, war eine bemerkenswerte Erscheinung.

Attilio alias *il Forestale* (der Forstbeamte) habe ich als etwa Sechzigjährigen kennengelernt, als er ganze Tage bei Flora in der Osteria sass. Anders als sein Trinkgenosse war er immer gut gekleidet und sauber. Seine drei Frauen zu Hause hätten es nie zugelassen, dass er schmutzig und ungepflegt ausgegangen wäre.

Er war ein Patrizier, ein Ortsbürger also, und gehörte einer einflussreichen und wohlhabenden Familie an. Ich habe ihn nie arbeiten gesehen, auch nicht auf dem Feld. Und ich vermute, dass er seinen Spitznamen *Forestale* einer einstigen Staatsstelle verdankte. Er hatte ein herausragendes Merkmal: eine enorme, dicke, pickelige Nase, die wie ein Schwamm aussah. Seine Frau hiess Pia, aber alle nannten sie *la Maestra* (die Lehrerin).

Ich glaube, dass es in unserem Dorf nie ein ungleicheres Paar gegeben hat. Er, blasiert und selbstgefällig, gehörte zu den *Risc,* zu einer bedeutenden und alteingesessenen Familie. Sie stammte aus dem Hause der Marchesi Buzzacarini, einer verarmten Adelsfamilie aus Venetien, und war von der Vormundschaft in ein von Nonnen geführtes Internat gesteckt worden, wo sie nicht nur den »bon ton« vermittelt bekam, wie es sich für eine Aristokratin gehörte, sondern auch nähen, sticken und häkeln lernte. Zudem erlangte sie das Lehrerpatent.

Ihr war eine Stelle als Lehrerin in Avegno angeboten worden, und sie hatte sie angenommen. Von Anbeginn wurde sie von ihren Schülerinnen geliebt, die in ihr, so vermute ich, eine Person sahen, die ein wenig geheimnisvoll war, dazu frisch und kultiviert und die sehr viele Dinge wusste. Ich weiss nicht, ob sie den Tiglio sofort heiratete; Tatsache ist, dass sie, als sie es tat, sofort mit einer bäuerlichen Realität konfrontiert wurde, die weder mit Schwachen noch mit Andersartigen Erbarmen hatte. Sie soll einmal, die Holzschuhe in der Hand und den mit einem Stock bewaffneten Schwiegervater im Nacken, durch die Gassen von *Vinzòtt* gerannt sein.

Nun musste sie auf dem Feld arbeiten lernen, mähen, Holz tragen, Kühe melken und vor allem Mist austragen. Manches Mal bin ich ihr auf einem Feldweglein begegnet und habe gesehen, wie sie gebückt unter der Last der Mistkräze ging, die nie randvoll gefüllt war, weil sie dafür nicht die Kraft besass. Sie unterrichtete auch nach der Geburt von zwei Mädchen weiter. Mich gab es damals noch nicht, aber mir wurde erzählt, dass in jenem Haus, allem Anschein zum Trotz, Armut herrschte, gut versteckt hinter dem liebenswürdigen Lächeln der Maestra.

Ich habe gesagt, dass die Familie der *Risc* aus überheblichen Leuten bestand; die Oberhäupter pflegten ihren

Töchtern das Heiraten zu verbieten, damit der gesamte Besitz in der Familie blieb. Man erzählt sich, dass eine von Tiglios Schwestern sich mit einem jungen Mann aus dem Dorf eingelassen hatte. Doch als die Sache dem Vater zu Ohren gekommen sei, habe er sie zu den Kühen in den Stall eingeschlossen und dort so lange schmoren lassen, bis er sicher sein konnte, dass sie sich seinem Willen beugen würde.

Viele Male habe ich es versucht und versuche es auch heute noch, mir vorzustellen, wie eine Edeldame aus Venetien es geschafft hat, in dieser Familie zu überleben, mit diesen Schwiegereltern und diesen Schwägerinnen sowie mit einem Mann, der, so nehme ich an, nie auch nur einen Finger gerührt hat, um seine Frau zu verteidigen.

Dann starb die Schwägerin, die im Sommer jeweils auf die Maiensässe ging, bei einem Sturz in abschüssigem Gelände auf der Alp. Im darauffolgenden Sommer mussten die beiden Töchter der Maestra, die eine neun-, die andere zwölfjährig, die Kühe und Ziegen hinauftreiben und mehrere Monate lang oben bleiben und hart arbeiten. Jahre später starben auch die Schwiegereltern. Und so blieben die drei Frauen, das heisst die Maestra und ihre beiden Töchter, allein zurück und mussten die grossen Felder selbst bestellen. Von nun an sind es meine eigenen Erinnerungen, ich erzähle nicht mehr vom Hörensagen.

Wir Frauen waren alle nicht faul, aber die beiden Töchter der Maestra legten noch einen Zacken zu. Vom Morgengrauen bis in die Nacht erledigten sie sogar Arbeiten, die sonst den Männern vorbehalten waren, ohne je aufzumucken oder sich aufzulehnen. Die Mutter ging mit und half, wo immer sie konnte.

Ich sehe sie heute noch vor mir, wie sie um die Mittagszeit mit geschulterter Kräze vorüberschritt, unterwegs zum anderen Flussufer, wo die Töchter seit den frühen Morgenstunden die Wiesen mähten. Sie ging – ich würde sagen – anmutig, mit den leichten, kleinen Schritten einer wohlerzogenen Edeldame.

Tiglio sass währenddessen am Tisch in der Osteria, immer würdevoll, trank Bier, las die Zeitung und diskutierte mit den anderen Gästen. Er hatte eine hübsche Uhrenkette, die ihm über dem Gilet hing. Und wenn er dann spätabends nach Hause torkelte, zusammen mit Tiberio, auch der auf wackeligen Beinen, dann bestand kein grosser Unterschied mehr zwischen den beiden.

Eines Sommerabends, als es stürmte, stürzte eine der Töchter mit der Milchbrente, während sie vom Berg herunterstieg, und verletzte sich schwer. Einige Freiwillige gingen mit der Tragbahre hoch und brachten sie nach Hause; sie hatte ein Bein gebrochen, aus dem Fleisch ragte ein Knochenstumpf heraus. Damals musste man im Spital eine beträchtliche Geldsumme hinterlegen, wenn man operiert und gepflegt werden wollte. Dieses Mal musste die Maestra sich überwinden und um Hilfe bitten. Ich weiss nicht, ob sie welche fand, fest steht, dass die Tochter operiert wurde, wenn auch schlecht, denn sie humpelte für den Rest ihres Lebens. Sie fand dann eine Arbeit in der Fabrik, und ich glaube, von da an besserte sich die finanzielle Situation der Familie.

Auch Tiglio wurde operiert, und zwar an der Nase, doch er starb bald darauf. Ich kann mich nicht erinnern, ob es vor oder nach dem Unfall der Tochter geschah, doch tut dies hier nichts zur Sache. Ich entsinne mich, dass die Maestra noch lange lebte, von ihren Töchtern wirklich liebevoll unterstützt. Sie war fast blind geworden, aber geklagt hat sie nie. Sie lächelte nur und schwieg.

Und so, wie sie mit kleinen, leisen Schritten durchs Leben gegangen war, ging sie auch für immer von uns. Von ihr ist die Erinnerung an eine aussergewöhnliche Persönlichkeit geblieben, die auch etwas Geheimnisvolles hatte, weil nie jemand erfahren hat, von wo sie wirklich gekommen war, was ihrer Familie zugestossen war und ob es noch Verwandte gab dort unten am Meer, das ihr gewiss schrecklich gefehlt haben musste inmitten dieser steinigen Bergwelt.

Cech und Berta

Einige Mosaiksteine unterscheiden sich in Form und Farbe von den anderen und verleihen damit dem ganzen Bild mehr Lebendigkeit, so auch die Geschichte von *Cech* und *Berta*.

Wie Tiberi war auch Cech in die Deutschschweiz ausgewandert, und zwar nach Basel. Dort wurde auch er Sozialist, arbeitete aber weiterhin als Maler. Er heiratete Berta, und als drei der vier Kinder (alles Jungen) alt genug waren, um einer bezahlten Arbeit nachzugehen, kehrte er mit der ganzen Familie ins Dorf zurück. Der jüngste seiner Söhne war ungefähr so alt wie ich und ging während zwei Jahren mit uns in die Dorfschule. Wir amüsierten uns köstlich über seine Art zu sprechen, über dieses schreckliche Gemisch aus Tessiner Dialekt und Deutsch.

Cech setzte ein Haus am *Corte* wieder instand, baute sein eigenes Elektrizitätswerk mit einer Turbine, die vom nahen Bach angetrieben wurde, und legte seine private Wasserleitung. Die Familie passte sich der neuen Umgebung sehr gut an.

Aber wer sich seltsamerweise in dieser etwas einsamen Gegend am besten zurechtfand, das war Berta. Ich weiss nicht, ob sie bereits aus einer ländlichen Gegend stammte, hier auf jeden Fall widmete sie sich der Landarbeit. Aus den ersten Jahren nach dem Zuzug dieser Familie sind mir nur wenige Erinnerungen an Berta geblieben. Später, als die Söhne weggegangen waren (einer von ihnen starb auf einem Bergweg oberhalb ihres Hauses), hatte ich Gelegenheit, sie besser kennenzulernen. Zu jener Zeit züchtete sie Hühner. Es kam vor, dass ich sie in ihrem Haus in der Nähe des Waldes besuchte, und dann sah ich, wie die Hühner nicht nur auf der Wiese herumscharrten, sondern auch in der Küche. Das Haus war schön. Es gab unter anderem einen hellen Raum mit einem grossen Fenster, das von Kletterrosen umrankt war. In den Schubladen eines Schrankes lagerte eine Unmenge von Eiern. Der Korridor war mit Futtersäcken überstellt, und in einer Rumpelkammer an der Wärme piepten die Küken. Im Frühling blühten draussen üppig die Fliederbüsche und unzählige Rosen, und im Hof neben der Rebenpergola wuchsen Palmen.

An den Markttagen befestigte Berta ein Wägelchen an ihrem Fahrrad, lud die Eierkartons und die Küken auf und fuhr in die Stadt, um sie zu verkaufen. Auf der Piazza hatte sie zwischen den anderen Marktständen ihre Ecke, und alle mochten sie. Berta war füllig und schwer und ständig in abgeschossene Schürzen und Jacken eingemummelt, sie war grosszügig, fröhlich und lachte viel und gern.

Das Radfahren wurde immer anstrengender für sie, und besonders setzte ihr jeweils die Steigung vor Ponte Brolla zu. Deshalb kaufte sich Berta ein Mofa und wurde zu einer der ersten motorisierten Frauen im Dorf. Zufrieden lächelnd befestigte sie daran ihr Wägelchen mit den Eiern und den Küken, fuhr zum Markt und wieder zurück und wurde somit zu einer noch bekannteren Persönlichkeit. Aber die Zeit ist mit den alten Menschen nie barmherzig: Cech starb, und Berta kümmerte sich weiterhin um ihre Hühner, die zunehmend aufdringlicher wurden und inzwischen im ganzen Haus herumliefen. Irgendwann schaffte sie es nicht mehr und legte sich ins Bett. Sie wurde ins Spital eingeliefert, und die Viecher wurden verkauft. Das Haus am *Corte* wurde geschlossen, und die Brombeersträucher und Akazien nahmen die Wiesen in Besitz. Im einst vom Gepiepe und Gelaufe des Federviehs belebten Hof häuften sich dürre Blätter an.

Erst vor ein paar Jahren hauchten meine Tochter und ihre Familie dem Haus am *Corte* wieder Leben ein.

Maria Barbolina

Ein Dorf ist wie eine Familie.

In einem kleinen Ort kennen sich alle, und jeder weiss über die Laster und Tugenden des anderen Bescheid. Nur wenige Geheimnisse bleiben verborgen, und während die Tugenden oft in Vergessenheit geraten, bleiben die Laster und Macken lange in der Erinnerung der Gemeinschaft haften. *Maria Barbolina* oder *Bosciolona* war einer dieser Menschen, die zwar ohne grosse Geschichte waren, das Leben aber interessanter machten. Dicklich, ja üppig, schwatzhaft, nicht allzu sauber und stets von Stallgeruch umgeben, war sie eine fröhliche Frau und, was für jene Zeit eher aussergewöhnlich war, ziemlich ordinär. Die ersten anzüglichen Anspielungen habe ich von ihr gehört.

Als ich meiner Grossmutter, die in ihrer Nachbarschaft wohnte, die Frage stellte, wie denn die Maria den Toni unter der Brücke von Ascona geheiratet habe, tat sie so, als würde sie noch schlechter hören als sonst. Aber wenn Maria Barbolina von Nachbarinnen umringt etwas Deftiges erzählte, dann lachte auch meine Grossmutter herzhaft mit. Als ich grösser war, erzählte sie mir selbst von dieser fröhlichen Freundin, die ein einfaches Wesen hatte und Analphabetin war. Maria Barbolina habe die Avancen eines Auswanderers erwidert, der aus Amerika zurückgekehrt war, wo er seine

Frau zurückgelassen hatte, und sei mit ihm zusammengezogen, nachdem sie ihn unter der Brücke von Ascona »geheiratet« habe.

Als sie jung war, hätten alle Maria gemocht, erzählte meine Grossmutter, denn sie sei grosszügig und fröhlich gewesen und habe auch über eigene Fehler lachen können. Ab und zu trafen sich die Frauen am Abend im Stall, um zu spinnen. Die Burschen nutzten die Gelegenheit, um ihnen Gesellschaft zu leisten und sie gleichzeitig mit Sprüchen und kleinen Streichen zu necken. Es war Brauch, den Mädchen das Taschentuch aus dem Sack zu stibitzen, um amouröse Absichten kundzutun. Deshalb waren die Mädchen darauf bedacht, immer ein schön sauberes, gebügeltes und besticktes Taschentuch bei sich zu tragen.

Nun liess einmal ein Bursche zwei Finger in Marias Tasche gleiten, um danach völlig überrascht einen zerfransten, schmierigen und vom Tabakschnupfen schwärzlichen Stofffetzen in der Hand zu halten. Der junge Mann ging wütend von dannen, und die Geschichte vom Taschentuch erheiterte die Frauen des Dorfs noch lange. Als sie sich mit Toni zusammentat, wurde viel getratscht, aber sie kümmerte sich nicht darum. Dann starb auch Toni, und sie war wieder allein. Zwar nicht ganz allein, denn sie lebte mit einem Neffen zusammen, der Waise war. Er war ein recht sonderlicher Typ. Er, Gregorio *Tac,* und sie, Barbolina, waren eine seltsame Familie. Sie war stolz auf ihren Neffen und sagte: »Wisst ihr, er ist sehr intelligent, er kann lesen und schreiben. Erst vor einer Woche hat er die Zeitung *La Lapide*[1] erhalten und hat schon zwei ganze Seiten davon gelesen.«

Auch als sie älter wurde und die Gesundheit nachzulassen begann, änderte sich ihr Wesen nicht. Einmal hatte ihr der Arzt – ich weiss nicht mehr gegen welches Leiden – Fussbäder verschrieben. Nach einer Woche kam er vorbei, um sich nach der Wirkung der Kur zu erkundigen, und erhielt folgende Antwort: »*L'acqua che a mi dèc l'è giüsta bona da lavaa i ciap ai frà* (Das Wasser, das Sie mir gegeben haben, ist gerade gut genug, um den Mönchen den Hintern zu waschen).«

So war die Barbolina, an die ich mich erinnere.

---

[1] Der Name der Zeitung war *L'Ape* (die Biene), Maria Barbolina nannte sie aber *La Lapide* (Grabstein, Gedenktafel). (A.d.Ü.)

Die Neri

Nicht weit von Maria Bosciolona entfernt wohnte *die Neri*.

Sie war älter als ihre Nachbarin und hiess ebenfalls Maria, aber sie war ganz anders. Wenn ich es mir genau überlege, war die Neri vielleicht gar nicht so anders, denn auch sie lachte gerne und hatte einen sehr ausgeprägten Sinn für Humor.

Ich habe sie als Maria Neri kennengelernt oder, um genau zu sein, als *die Neri*. Dies war eigentlich ihr Mädchenname, denn als Verheiratete hiess sie Bizzini. Wie ich vermute, pflegten die Leute des Dorfes sie vor allem deshalb *die Neri* zu nennen, weil sie so von all den anderen Marias zu unterscheiden war, aber auch aus Hochachtung vor ihrer Familie, einem alteingesessenen und wohlhabenden Geschlecht, dessen letzte Vertreterin sie war. Seit Generationen waren die Neris im Besitz der Mühlen. In Säcken brachten die Bauern ihnen Weizen, Roggen und Mais und liessen ihr Getreide zu Mehl verarbeiten. Sie bezahlten meist mit einem bestimmten Anteil des Ertrags. Die Neris waren gute und wohltätige Menschen. Öfter als andere beherbergten sie in ihrem Haus die von der Gemeinde unterstützten Armen, und in ihrer Vorratskammer gab es immer etwas Mehl für bedürftige Familien. Die Tochter der Neri wohnte später noch lange im grossväterlichen Haus und stellte vorüberziehenden Wanderern stets ein Zimmer zur Verfügung.

Die Neri war eine sehr kluge Frau und hatte eine spezielle Eigenheit: Sie hatte Freude am Lesen. In der heutigen Zeit ist dies nichts Ausserordentliches, aber damals war es das sehr. Lesen galt, vor allem wenn Frauen es taten, als Zeitverlust, vielmehr noch: als eine grosse Zeitverschwendung, denn Zeit war ein so kostbares Gut. Ich weiss nicht, woher sie die Bücher hatte, denn die waren damals wirklich selten. Wer eine Zeitung abonniert hatte, konnte sich glücklich schätzen, denn da gab es neben den Nachrichten auch die Spalte mit dem Fortsetzungsroman, die man sich ausschneiden konnte. Beim Stöbern auf dem Dachboden habe ich eines dieser Bücher gefunden. Es war Blatt für Blatt zusammengestellt worden, an die zwanzig Zentimeter breit und so lang, wie eine Zeitungsseite breit war. Das Buch hatte einen genähten Rücken aus rosafarbenem Flanellstoff, war eingerollt und staubig wie eine alte Papyrusrolle. Diese wenigen Bücher waren wertvoll, und die Romane von Sue, Dumas, Hugo, Grossi und anderen erzählten den Frauen, die nie aus ihrem Dorf herausgekommen waren, von fernen und fantastischen Welten wie dem Mond.

An einem Septembertag in den Bergen stellten die Nachbarn fest, dass die Neri am frühen Nachmittag noch nicht vom Viehhüten zurück war. Die Kühe waren schon lange wieder da und lagen friedlich wiederkäuend auf der Wiese vor dem Stall. Meine Grossmutter und ihre Schwester waren besorgt und machten sich auf, um ihre Kameradin zu suchen. Sie fanden sie an einen grossen Stein gelehnt, den Roman *Marco Visconti* in der Hand und derart in ihre Lektüre vertieft, dass sie nicht einmal Hunger verspürte.

Ein anderes Mal, auch in den Bergen, nutzte die Neri eine Pause, um sich vor ihrer Hütte ihrer Leidenschaft hinzugeben. Ein Fremder kam vorbei und fragte freundlich nach dem Weg zur Alp. Ohne vom Buch aufzublicken, hob sie das Bein, zeigte mit dem Fuss nach oben und sagte: »Da.« Als der Fremde weg war, wurde die Neri von einer Nachbarin gefragt, weshalb sie diesen Pfarrer, der gerade vorbeigegangen sei, denn nicht gegrüsst habe. Sie antwortete: »Welchen Pfarrer? Ich habe niemanden gesehen.«

Die Neri habe ich als alte, kleine und dicke Frau in Erinnerung. Das Faltenkleid, das sie immer trug, liess sie noch breiter erscheinen. Bei schönem Wetter schleppte sie sich auf ihren Krücken zur Treppe, die von ihrem Hof zur Terrasse vor den Schlafzimmern führte, und setzte sich auf die untersten Stufen.

Dort sass sie den ganzen Tag, las die Zeitung (immer ohne Brille), sprach mit den Passanten, die auf der *caraa* vorbeikamen, lächelte stets und nuschelte unausgesetzt mit ihrem zahnlosen Mund. Ihre Tochter Pia hatte sich ihrer angenommen, auch sie eine bemerkenswerte Gestalt dieser bäuerlichen Welt.

Maria Neri starb im Alter von 96 Jahren, und mit ihr verschwand einer der farbigsten Mosaiksteine.

Maria, Elvira und Menga

Erneut gehe ich durch die Gässchen des Dorfs.

Jeder Hauseingang, an dem ich vorbeigehe, erinnert mich an eine mehr oder minder wichtige Gestalt dieser bäuerlichen Welt, die so gleichförmig scheint und doch so vielfältig ist. Hier in der Nähe der Treppe, die von der *Gesola*[1] aufwärts führt, wohnten *Maria do Bondi* (oder *Marega*) und *Elvira*. Zwei alleinstehende, liebenswürdige, sanfte Frauen, die so ganz anders waren als ihr Bruder Prospero, den ich als mürrischen, schwierigen Charakter in Erinnerung habe. Wann immer ich ihr begegnete, entblösste die Maria ihren zahnlosen Mund und lächelte glücklich wie ein Kind. Elvira war zurückhaltender, aber nicht weniger freundlich.

Ich erinnere mich daran, wie wir einmal in Monteggia waren und die beiden, die in der Hütte neben uns wohnten, zu uns sagten: »Kinder, singt ein paar schöne Lieder!« Wir liessen uns nicht lange bitten und legten los. Mit Eifer sangen wir *Testamento del capitano* oder *Campagnola bella*, während sie mit geschlossenem Mund glücklich mitsummten. Nachdem wir geendet hatten, zogen sich die beiden Schwestern zurück, um zu schlafen; und wir warteten feixend auf die dumpfen Schläge von Marias Stock, die in ih-

---

1 Kirche in Avegno di Fuori.

rer Schlangenphobie auf den Laubsack eindrosch, damit ja kein Reptil es wagte, zwischen ihren Leintüchern zu schlafen.

Wenn ich die breite Treppe, die bei der *Gesola* beginnt, weiter hinaufsteige und nach links abbiege, gehört es einfach dazu, dass ich anhalte und einen Blick auf das Haus von Clotilde werfe. Einst sass hier vor dem Haus unter dem Türbogen *Menga.* Ich erinnere mich nicht etwa deshalb an sie, weil sie etwas Besonderes getan hätte; nein, sie sass einfach nur da, ganz ruhig. Doch hatte sie etwas Eigentümliches, das meinen Blick auf sich zog, und das war ihr linker Arm. Von der Hand bis zum Ellbogen war er normal, aber weiter oben zeigte sich ein derart grosser Auswuchs, dass sogar der weite Ärmel ihrer Bluse gänzlich davon ausgefüllt wurde. Einerseits war ich fasziniert, anderseits jagte mir der Gedanke Angst ein, dass der Stoff reissen könnte. Das passierte allerdings nie, und sie sass weiterhin dort vor dem Haus, in dem sie mit ihren Töchtern Elvezia und Clotilde sowie dem Schwiegersohn Fiorenzo lebte, der mit Letzterer verheiratet war. Fiorenzo war Gemeindeschreiber, also eine wichtige Person, fast so wie der Pfarrer und der Lehrer.

Dies also sind einige der Frauen gewesen, die ich gekannt habe.

Luca

Ich habe schon mehrmals von Onkel *Luca* gesprochen.

Ich habe diesen Onkel als Geizkragen und Erbsenzähler beschrieben, der in Sachen Arbeit sehr fordernd war und ein einziger Schreck für alle, die sich wie wir Kinder bei der Feldarbeit ungeschickt anstellten. Wenn er über jemanden sagte: »*L'è un bach da pocch* (Dieser Mensch ist ein armseliger Wurm)«, dann war dies ein unwiderrufliches Urteil. Für ihn waren wir alle Hirnlose, die sich vor der Arbeit drückten, denn uns gefiel es, zu lachen und zu scherzen, und manchmal auch, uns über ihn lustig zu machen – natürlich nur hinter dem Rücken unserer Mütter.

Wie damals auf *Farcolèta,* wenn wir es schafften, ihm seinen Käse zu klauen während des Mittagessens, das wir draussen vor seiner Hütte auf den Steinen sitzend zu uns nahmen, da er nicht einmal einen Tisch besass. Wie geizig er sonst auch war, auf zwei Dinge hat er nie verzichtet: auf seinen Vallemaggia-Käse und seinen guten einheimischen Wein, den er mit dem aus Italien in grossen Korbflaschen extra eingeführten Squinzano verschnitt. Wir Kinder bekamen immer nur die hausgemachte, magere *Formaggella* vorgesetzt und schauten begierig auf das grosse, gelbe Stück Alpkäse, das vor ihm stand und von dem er gerade andächtig einen Bissen zusammen mit Polenta kaute.

Mein Cousin fragte: »Luca, was ist das für eine Rauchfahne da hinter Eurem Rücken auf der anderen Seeseite?« Und Luca drehte sich langsam (er machte alles bedächtig) in Richtung Gambarogno um und erklärte, dies sei der Rauch der Dampfeisenbahn Bellinzona–Luino. Inzwischen hatte mein Cousin mit unglaublicher Geschwindigkeit einen grossen Happen Käse abgeschnitten und hielt ihn hinter seinem Rücken versteckt. Und mochte Luca auch etwas ahnen, so hat er es uns doch nie zu verstehen gegeben, denn hätte er hergeblickt, hätte er lauter unschuldig dreinschauende Kinderlein gesehen, die brav Formaggella und Polenta assen.

Nach dem Mittagessen pflegte er, der immer im Morgengrauen aufstand, gewissenhaft Siesta zu halten, und dies an jedem Ort, an dem er sich gerade befand. Noch heute sehe ich ihn in seiner ganzen beachtlichen Länge auf der Seite liegen, eine Hand unter der Wange; er schlief tief auf dem Heuhaufen oder unter einem Baum, auf der Holzbank oder im Bett, den weichen Filzhut als Kissen unter dem Kopf.

Auf Monteggia warteten wir, bis er ruhig und regelmässig schnarchte, dann schlichen wir uns heimlich in die Hütte, um von seinem Wein zu trinken und aus dem blaugrauen Steinguttopf einen Löffel von seiner eingesottenen Butter zu essen, die so herrlich mit gebratener Polenta schmeckt. Und die Äpfel? Die süssen, runzligen Äpfel, die er in einem mit dem Schlüssel zugesperrten Raum auf einer

Schicht Heu lagerte und die für die Kühe bestimmt waren, damit sie mehr Milch gaben? Wir hatten herausgefunden, wo er den Schlüssel verborgen hielt, entwendeten ihn, verspeisten im Verborgenen die Äpfel und genossen sie bis zum letzten Bissen. Natürlich kann ich nicht behaupten, dass unser Verhalten korrekt war, doch der werfe den ersten Stein, der sich nie einen kleinen Mundraub zuschulden kommen liess!

Luca gehörte zu einer Familie, die den Übernamen *Marcantit* (Händler, Kaufleute) hatte, und das sagt schon alles: Wahrscheinlich lag den Mitgliedern seiner Familie das Handeltreiben, Profitmachen und Investieren im Blut. Für Onkel Luca war es das schwärzeste Jahr seines Lebens (die Jahreszahl ist mir entfallen), als »seine« Banca di Locarno Bankrott machte. Das war der Zusammenbruch all seiner Überzeugungen; er verlor das blinde Vertrauen in die Seriosität der Banken, die Gewissheit, dass sein Geld in den Panzerschränken in Sicherheit war, und die Achtung vor den Männern, die grosse Summen verwalteten, Gewinne versprachen und einen zum Sparen anspornten. Er fühlte sich verraten wie eine von ihrem Mann betrogene Frau. Er sprach nur noch davon, und später verstand er es, sein Geld anderswo zu investieren.

Wenn man bedenkt, dass er nie weiter als bis nach Locarno gekommen ist und so tollpatschig war, dass er von sich aus nie das Hemd gewechselt hätte, wäre da nicht seine

Frau gewesen, die darauf bestand, erstaunt es schon, dass er in Geldangelegenheiten so genau Bescheid wusste.

Zu jener Zeit hörte ich zum ersten Mal in meinem Leben von Obligationen, Aktien, Minen in Südafrika und Eisenbahnen in fernen Ländern: Themen, die mich gänzlich kalt liessen. Wenn Luca das Wort »Geld« aussprach, dann mit Ehrfurcht, als sei es etwas Heiliges. Geld, Gewinn und Erspartes waren die Tugenden seiner Religion.

Man kann nicht sagen, dass Luca ein unehrlicher Mensch gewesen wäre. Nie hätte er eine Handvoll Gras auf der Wiese eines anderen gemäht noch einen Apfel von einem fremden Baum gepflückt. Allerdings hätte er auch nie eine Handvoll von seinem Gras oder einen Apfel von seinem Baum einem anderen geschenkt. Als unlautere Handlung wird ihm einzig nachgesagt, dass er als junger Mann selbst gefischten Forellen das Maul mit Kieselsteinchen gefüllt haben soll, um sie für ein paar Rappen mehr verkaufen zu können.

Er interessierte sich nicht im Geringsten für die kleinen politischen Dispute im Dorf. Er stimmte, wie einst sein Vater gestimmt hatte, ausser bei dem einen Mal, als er seine Stimme der Arbeiterpartei gab, weil er, wie er sagte, ein Arbeiter sei. Er war mit *Ghidaza* Luisina verheiratet, sie hatten jedoch keine Kinder. Dies dürfte ihn aber nicht gestört haben. Er betrachtete Kinder als notwendiges Übel, weil die Welt sich weiterdrehen muss, aber ich glaube, dass wir

Kinder für ihn eher eine Plage waren, wie die Fliegen an einem Sommertag.

Ich habe ihn nur als alten Mann gekannt und mich öfter gefragt, ob er wohl auch einst jung gewesen sei und das Bedürfnis hatte, zu scherzen und sich zu amüsieren. Es scheint schlechterdings unvorstellbar. Und doch: wie mir Leute berichtet haben, die Gelegenheit gehabt hatten, ihn als jungen Mann erzählen zu hören, musste auch er manchmal ausgelassen gewesen sein. Man erzählt sich, er sei einst an einem Herbstabend zusammen mit einer lustigen Clique auf Monteggia gewesen und sie hätten Lust gehabt, in der Hütte das Tanzbein zu schwingen. Luca spielte für gewöhnlich Mundharmonika, doch er bemerkte, dass er sie ausgerechnet an jenem Abend zu Hause im Tal unten vergessen hatte. Von seinen Kameraden ermuntert, machte er sich auf den Weg, um sie zu holen. Ich nehme an, es war eine Vollmondnacht, denn damals gab es noch keine Taschenlampen, und der Weg war gewiss genauso beschwerlich wie heute. Er kam ins Dorf, schlich sich in die Kammer, wo sein Bruder schlief, nahm die Mundharmonika und machte sich auf den Weg zurück in die Berge. Unter einer Pergola schnappte er sich ein paar schöne reife Weintrauben und brachte sie seinen in der Hütte gebliebenen Freunden mit, als Beweis dafür, dass er wirklich im Dorf gewesen war. Allen, die nicht ortskundig sind, kann ich bezeugen, dass das Dorf auf 300 Metern liegt und Monteggia auf 1300. Als Mädchen brauchte ich für diese Strecke fast zwei Stunden. Diese Anekdote beweist, dass Luca als Jüngling auch ab und zu Dummheiten im Kopf hatte; schade nur, dass er dies vergass, als er alt wurde.

Trotz allem, für mich und die anderen Kinder, die wie ich der Familie in der Landwirtschaft helfen mussten, war Luca ein Lehrer: Bei ihm lernten wir präzise und gewissenhaft arbeiten. Unsere Felder waren immer sauber, und das Gras hatten wir tadellos gemäht. Die Reben waren geschnitten und gebunden, wie es sich gehörte. Alles musste kunstgerecht ausgeführt sein – nur damit er, der selten die Stimme erhob, den Kopf schütteln und sagen konnte: »Ihr seid armselige Würmer, ihr bringt wirklich nichts zu Stande!« Wir fühlten uns dadurch angespornt, es immer noch besser zu machen, und gewöhnten uns an, so zu arbeiten, dass wir auf unser Werk stolz sein konnten.

Mit derselben Präzision und Sorgfalt, mit der Luca die Feldarbeiten ausführte, flocht er auch die *gerli,* die Kräzen. Darin war er ein Meister. Er tat dies an Regentagen und im Winter. Dann sah man ihn Haselgerten schneiden und mit dem Hobel glätten, bis sie weich und biegsam waren, die Böden vorbereiten und die Rippen darin einsetzen. Und flechten konnte er so perfekt, dass es ihm keiner gleichtat.

An Markttagen schulterte er die Körbe und ging nach Locarno, um sie für fünf Franken pro Stück zu verkaufen. »Gute Arbeit zahlt sich aus«, pflegte er zu sagen. Und wirklich, seine Produkte fanden reissenden Absatz.

War der Markt vorbei, kam Luca wieder nach Hause, vielleicht nach einer Stippvisite bei der Bank, um die Gesundheit seiner Reichtümer zu begutachten. Als seine Beine nicht mehr so richtig wollten, plünderte er sein Portemonnaie und nahm die Lokalbahn Locarno–Ponte Brolla–Bignasco. Ausgestiegen ist er jeweils in Ponte Brolla, um zwanzig Rappen zu sparen, die ihn die letzte Strecke gekostet hätte; diese legte er zu Fuss zurück, langsamen, gemessenen Schrittes.

Dann wurde auch Luca alt. Nach dem Tod seiner Frau nahm die Nichte sich seiner an. Er ging nicht mehr in die Berge, um zu heuen. Die schwereren Arbeiten überliess er den anderen und beschränkte sich darauf, den Kopf zu schütteln, wenn sie sie schlecht ausführten. Nie jedoch schwor er seinem tiefen Glauben ans Geld ab. Im Sommer sass er stundenlang auf der Steinbank im Innenhof und dachte nach; er trug ein bis zum Hals zugeknöpftes Hemd, ein Gilet, abgetragene Hosen und den schwarzen verbeulten Filzhut; die aufgeschwollenen, violetten Füsse steckten in Holzschuhen, die er selbst gezimmert hatte. Wenn jemand bei ihm stehen blieb, um zu plaudern, kam man unweigerlich aufs Geld zu sprechen, auf das teuer gewordene Leben und aufs Sparen, einziger Sinn und Zweck einer jeden Existenz.

Er starb einfach so, geräuschlos, ohne irgendwelche Ausgaben wegen Krankheiten auf sich nehmen zu müssen.

Er wollte sich gerade zu seinem Mittagsschläfchen hinlegen, da brach er am Bettende tot zusammen. Als dann seine Verwandten später in seiner alten, rauchgeschwärzten Küche ein wenig aufräumten, fanden sie im Schrank einige Steinguttöpfe mit eingesottener Butter und auf den Regalen nahe dem Kamin unzählige leere Konservenbüchsen. Sie waren mit grossen Fischen in Tomatensauce gefüllt gewesen und damals im Handel erhältlich, kosteten wenig und reichten doch für zwei Mahlzeiten.

Seinen Prinzipien treu, hatte Luca sie aufbewahrt für den Fall, dass sie ihm eines Tages hätten nützlich sein können.

Severina

Jetzt möchte ich von *Severina* berichten.

Ich glaube, dass es im Dorf keine andere Frau gab, die so still, so spröde und so unauffällig war wie Severina. Sie hatte graues Haar, war hochgewachsen, dünn, immer dunkel gekleidet, und man sah sie nur auf dem Feld oder in der Kirche.

Aber für mich war sie eine sehr, sehr wichtige Person. Sie war verantwortlich für die Pfarreibibliothek. Die Ausleihfrist war geregelt wie auch die Anzahl Bücher, die man mitnehmen durfte, aber für eine wie mich, die Bücher verschlang, war es sehr schwirig, mit diesen Einschränkungen zu leben. Und so fand ich immer wieder einen Vorwand, um Severina zu besuchen. Ich ging die Treppen hinab zum Hof, der sich unter dem Strassenniveau befand, und stiess das Tor zu ihrem Haus auf.

Es war ein seltsam gebautes Haus. Unmittelbar hinter dem Eingangstor war eine breite Steintreppe, die zu einem balkonartigen Treppenabsatz führte, von dem aus man zu den beidseits liegenden Schlafräumen gelangte. Noch vor der Treppe befand sich auf der linken Seite die Küchentüre, und hier nun standen auf Regalen, die vor einem grossen Tisch aus Nussbaumholz aufgebaut waren, die Bücher. Ich entsinne mich, dass die Küche eher düster war, spärlich durch zwei Fenster erhellt, die leider auf gefangene Bereiche wie den Innenhof und das Strässchen zwischen den Häusern hinausgingen.

Severina erlaubte mir, mich umzuschauen und ein Buch auszuwählen, das ich am vorgeschriebenen Tag mitnehmen konnte. Ich stürzte mich auf die Bücher und war glücklich wie eine Motte in der Wolle. Da gab es Abenteuerbücher, Heiligengeschichten, Erzählungen von Missionaren. Autoren wie Ugo Mioni, Celestino Testori, Emilio Salgari, Luigi Motta und Jules Verne hauchten ihren Helden Leben ein und schufen neue Welten. Ugo Mioni mit seinen Abenteuern von Arabern und Indianern liebte ich besonders.

In unserer Familie waren wir von der Lektüre dieser Bücher so gefesselt, dass wir sogar ein eigenes Alphabet erfunden hatten, das aus kleinen Zeichnungen bestand. Ast für A, Baum für B ... und unsere Namen waren nicht mehr Luisa, Miriam und Bruna, nein, die Erste hiess nun *Rabenflügel,* weil ihr Haar schwarz war, die Zweite *Mondschein,* weil sie blond und hellhäutig war, und ich hiess *Kleine Gazelle,* weil ich schnell laufen konnte. Wir hatten auch gelernt, uns nach arabischer Manier zu begrüssen, was etwa so klang: »Sahalam Aleicun« ... Später liess uns Jules Verne auf dem Mond landen, die Meere durchkreuzen oder die Welt umrunden, und unsere Träume wurden somit noch viel grösser.

All diese Wunder aus unbekannten Welten standen auf Severinas Regalen, und bevor sie uns Jugendlichen die Bücher überreichte, las sie sie selbst. Ihre Zensur war sehr streng. Sie duldete kein Wort, das Bezug nahm auf einen Teil des menschlichen Körpers, den sie als tabu empfand. Wenn sie zum Beispiel einen Satz fand wie »Die Mutter drückte ihr Kind an die Brust«, dann wurde das Wort »Brust« sorgfältig durchgestrichen.

Auch sonst war Severina fast übertrieben prüde. Ihre Beine habe ich nie gesehen. Wie für Königin Victoria von England, die sogar die Tischbeine umwickeln liess, war es auch für unsere Bibliothekarin unmoralisch, die nackten Schienbeine zu zeigen.

Während langer Zeit betreute Severina den Bücherverleih, dann kam die Bibliothek in andere Räumlichkeiten und in andere Hände, und auch der Lesestoff änderte sich. Da gab es die ersten Krimis von Poe, Conan Doyle, Wallace, S.S. Van Dine usw. Die Welt, die einem in diesen Büchern gezeigt wurde, war nochmals eine andere: Sie war geheimnisvoll, gleichzeitig aber genauso packend, wie es die Indianerzelte, die Kriegsbeile, die Totempfähle und der heilige Manitu gewesen waren.

Severina oder Tante Severina, wie sie auch von den Kindern genannt wurde, die nicht mit ihr verwandt waren, führte ihr Leben weiter zwischen Haus, Kirche und Feld. Eines Tages, ich war schon erwachsen und hatte selbst Familie, verunfallte sie. Man rief mich, damit ich bei ihr bliebe, bis der Arzt da war. Ich fand sie auf dem Bett ausgestreckt im Zimmer oben neben dem Steintreppenabsatz. Sie hatte einen Schlag gegen den Kopf erhalten und sprach nun unzusammenhängendes Zeug. Als ich ihr die *peduu* (Schuhe aus Stoffresten) und die Strümpfe auszog, um ihr die Füsse zu waschen (sie kam von der Feldarbeit), wehrte sie sich und versuchte, meine Hände von dem fernzuhalten, was sie zeitlebens versteckt hatte. Sie wurde im Spital gesundgepflegt, und als sie wieder nach Hause kam, war sie nicht mehr die Gleiche. Sie war rund geworden, lächelte immerzu und schien glücklich.

Noch viel mehr erstaunte es mich aber, dass sie während des Sommers keine Strümpfe mehr trug, manchmal sogar barfuss ging und vor sich hinträllernd das Dorf durchquerte, mit einem Blumenstrauss in der Hand, den sie zur *Cappella della Madonna Pellegrina* trug.

Tomamichel

Nicht weit von Severinas Haus entfernt wohnte ein Männchen, das wenig sprach.

Ich habe nicht die leiseste Erinnerung daran, wie seine Stimme klang und was er zu sagen pflegte. Ich glaube, sein Familienname war *Tomamichel,* ich bin allerdings nicht ganz sicher. Wer weiss, vielleicht kam er aus Bosco Gurin, und weil sie da oben deutsch sprechen, hatte er wohl ziemlich Mühe mit unserem Dialekt.

Wir Kinder besuchten ihn oft in seinem alten Haus (heute Haus Plievier)[1], in dessen wunderschönem, windgeschütztem Hof er arbeitete. Er war ein guter Holzhandwerker und schuf Gegenstände, die wir mit offenem Mund bestaunten, die Hände auf dem Rücken, damit wir der Versuchung widerstehen konnten, sie zu berühren.

Auf dem Sims des russgeschwärzten Kamins aufgereiht, standen zahlreiche Flaschen mit Holzkunstwerken darin: Treppchen, Blumen, kleine Rechen und vielleicht noch anderes, dessen ich mich nicht mehr entsinne. Ich erinnere mich aber gut, wie wir staunten und wissen wollten, auf welche Weise alle die Gegenstände in diese Gefässe ge-

---

[1] Theodor Plievier, deutscher Schriftsteller, geboren 1892 in Berlin, gestorben 1955 in Avegno. (A.d.Ü.)

kommen waren. Das schönste Stück der ganzen Sammlung stand dort auf dem dunklen Holztisch neben dem Fenster. In einer Flasche aus dickem, leicht bläulichem Glas hatte das Männchen den Kalvarienberg nachgebildet: zwei kleine, schmucklose Kreuze an den Seiten und in der Mitte ein grösseres Kreuz, an dem das Schild mit dem Schriftzug INRI befestigt war, die Dornenkrone dort, wo die Balken sich kreuzen, und am Fuss des Kreuzes einen Hammer und Nägel. Diese Arbeit hat mich derart beeindruckt, dass ich sie noch heute, nach all den Jahren, dort auf dem dunklen Tisch stehen sehe, wenn ich die Augen schliesse; das Glas widerspiegelt das Licht, das durchs Fenster fällt, und in der Flasche sieht man die drei Kreuze mit den Leidenswerkzeugen.

Dieses stille und lächelnde Männchen hat mir einmal ein wunderschönes Geschenk gemacht; es war ein Kirchlein, das inklusive Kirchturm zirka 40 Zentimeter hoch war. Das Grundgerüst war aus Holz, während Türen, Fenster und Wände mit vielen kleinen Papierröllchen bedeckt waren. Ich war bei der Entstehung dieser Arbeit dabei und versuche zu erklären, wie sie gemacht wurde. Tomamichel nahm ein rundes Holzstäbchen von der Grösse eines Bleistifts, wickelte Zeitungspapier darum, klebte die Enden fest, und nachdem er das Stäbchen herausgezogen hatte, schnitt er die Röllchen in Stücke von ungefähr einem Zentimeter. Diese klebte er dann an die bereits mit Zeitungspapier bedeckten Wände. Das Kirchlein schien so aus vielen kleinen, aneinander klebenden Löchern gemacht zu sein, die hier eher weiss, dort eher grau waren und, wenn der Handwerker farbiges Papier auftreiben konnte, auch rosarot und hellblau.

Ich nahm dieses wunderbare Geschenk mit Freude mit nach Hause. Schade nur, dass ich es lediglich als Spielzeug betrachtete; als ich grösser wurde, liess ich es in einer Ecke stehen und vergass es, wie alles, was man im Laufe eines Lebens hinter sich lässt.

Dolfo

Früher glaubte man, dass Kinder mit Schulbildung, solche also, die lesen, schreiben und rechnen konnten, privilegiert seien im Leben und eine sichere Zukunft vor sich hätten. Aber nicht immer war es so. Das zeigt das Beispiel von *Dolfo*.

Er war ein gescheiter Mensch und hatte einen lebhaften Geist. Er konnte lesen, deklamierte Verse aus der *Divina Commedia* und war zudem ein ausgebildeter Zimmermann. Er hatte seinen Beruf von *Barba* in Gordevio erlernt, und mein Papa sagte, dass er einer der besten Handwerker sei. Er hatte eine Schwester in Italien, die Nonne in einem mir unbekannten Kloster war. Doch sein Hang zum Trinken machte ihn allmählich zu einem armseligen Säufer. Er lebte mit seiner Mutter zusammen, ich glaube, sie hiess Caterina. Auf den Feldern rackerte sie für zwei. Wer den Mut aufbrachte, sie darauf anzusprechen, dem antwortete sie sinngemäss mit einem Zitat von Dante Alighieri: »Guarda e passa e non ti curar di loro (Schau und geh vorüber und kümmre dich nicht um sie).«

Dolfo hielt grosse Stücke darauf, als kultivierter, vornehmer Mann zu gelten. Er hatte keine Frau gefunden, die ihn haben wollte, und so schrieb er sich selber Liebesbriefe. Er schickte die Mutter mit ihnen zum Briefkasten, nachts, damit niemand sie sah. Zu jener Zeit waren die Strassen nur karg beleuchtet, sodass die Arme in einer Frostnacht ausrutschte und sich verletzte.

Dann starb Dolfos Mama, und er wurde ein fleissiger Trinkgenosse von Tiberi und Tiglio. Doch wie viele unter seinesgleichen gab auch er nicht zu, Alkoholiker zu sein. Ich erinnere mich, ihn eines Tages – ich war bereits erwachsen – gefragt zu haben, wie es ihm gehe. Und er antwortete mir: »Es geht mir gut, danke. Ich war gerade bei Flora und habe etwas getrunken, aber ich musste fliehen, denn da war auch Tiberio, der ist ein schlimmer Säufer.« Und er setzte seinen Weg fort, sorgsam bedacht, nicht zu sehr im Zickzack zu laufen.

Dann hörte er auch auf zu essen und lebte praktisch nur noch vom Wein. Sein Haus und seine Felder wurden nach und nach von den Schulden aufgefressen. Eines Tages, er war krank, ging ich zu ihm, um ihm Spritzen zu verabreichen. Damals lebte er im Haus von Serafina, einer armen Alten, die kaum für sich selbst sorgen konnte. Er war abgemagert, atmete schwer, und in seinem Zimmer roch es grauenvoll. Alles strotzte vor Dreck. Er grüsste mich wie immer mit Liebenswürdigkeit. Später wurde er ins Hospiz überführt.

Als ich ihn nach einiger Zeit erneut antraf, hatte ich Mühe, ihn wiederzuerkennen: Gewaschen und sauber rasiert, schien er ein anderer. Er hatte aber auch seine vornehme Haltung abgelegt, denn er bat mich, indem er sich mir flüsternd näherte, um einen Franken, damit er sich ein Gläschen genehmigen könne.

Lodovico

Auch *Lodovico* wohnte in Dolfos Nachbarschaft. Er hingegen trank nicht, zumindest sah ich ihn nie ins Restaurant gehen. Er war ein leidenschaftlicher Jäger und Fischer: Er spürte die Beute förmlich, und es war, als kenne er ihr Innerstes. Es faszinierte mich, dass er Fallen für die Fischotter aufstellte, für mich Tiere voller Geheimnisse (seinerzeit gab es welche in den Naturbecken der Maggia). An die Fallen, die er auf der anderen Flussseite legte, befestigte er ein weisses Stückchen Stoff; wenn die Falle zuschnappte, wurde dieses Fähnchen sichtbar und zeigte den Fang eines der vermutlich letzten Exemplare dieser kleinen Tiere an.

Dann nahm *Vico,* der damals bei Verwandten wohnte, sein Gewehr und ging in ein Grottino gleich oberhalb der Häuser des Dorfes, hielt sich den Lauf in den Mund und löste den letzten Schuss seines Jägerlebens aus. Niemand erfuhr je den Grund dieser Tat, und wir Kinder waren darüber bestürzt.

So verschwand ein interessanter Mann, der wie eine Figur von Jack London gewesen war, und machte sich still und unauffällig davon, wie es eben ein guter Jäger tut.

Vergogna und Cechcarmela

Als ich begann, über diese Persönlichkeiten zu schreiben, mit denen ich in Berührung gekommen bin auf meinem Weg von der Kindheit ins Alter, hätte ich nie geglaubt, dass sich so manche versteckte Erinnerung in mir finden würde. Spreche ich von einer Person, dann taucht sofort eine weitere auf, die mit der ersten vielleicht etwas gemeinsam hatte.

Vergogna und *Cechcarmela* wohnten nicht weit voneinander entfernt. Vergogna hatte zumindest *ein* besonderes Merkmal, seinen Familiennamen (der richtig Velgonio lautete), und der bot sich für Kinderreime an, die ihn unendlich erbosten. Er war allein, und manchmal verwechsle ich ihn in meiner Erinnerung mit dem seltsamen Männchen, das Holz bearbeitete. Sie waren einander ein wenig ähnlich, doch während jenes unscheinbar war und wenig sprach, stellte sich Vergogna, wenn er getrunken hatte, auf den Balkon und hielt lange gewichtige Reden über die Ungerechtigkeiten dieser Welt.

Unweit davon sass Cechcarmela auf der Steinbank vor seiner Haustüre und hörte ihm zu. Ich weiss nicht, ob er das, was er hörte, verstand oder kommentierte, denn er schien ein Mensch zu sein, der nicht einmal zum Denken fähig war. Er lebte mit seiner Schwester Carmela zusammen, und es hiess, dass sie nur ein einziges grosses Bett besässen, in dem sie beide schliefen, und dass sie es mit einer Zwischenwand aus Holz unterteilt hätten, damit jedes auf seiner Seite blieb.

Er war alt, klein und gebückt, und wenn wir an seinem Haus vorbeirannten, verhöhnten wir ihn, ohne jeden Respekt, mit dem Liedchen: »*Cech bech, terno sech, caura mota, pisat in boca* (Cech, du Bock, zogst das grosse Los, eine hornlose Geiss, verpiss dich bloss)«. Und dann liefen wir nur ein kleines Stück weiter das Gässchen hoch, um bei Florindo im Hof seines Stalls heimlich zu beobachten, was der Stier da mit der Kuh machte, die geduldig und mit dem Kopf in der *craina*[1] auf ihn wartete.

---

1 Holzvorrichtung, mit dem der Kopf der Kuh blockiert wird.

Gido

Und weiter setze ich ein Steinchen nach dem anderen in das Mosaik, das mein Dorf darstellt. In ihm wohnen Menschen, die ein Ganzes bilden, einander gleich sind und doch verschieden.

Wirklich anders war, mindestens was Gestalt und Gewicht anging, *Gido.* Er war nach Amerika ausgewandert und ärmer als zuvor zurückgekehrt. War er mager losgezogen, was nur normal war für einen Jüngling, der hart auf dem Feld arbeitete, so kehrte er kugelrund zurück. Er war eiförmig geworden. Sein Kopf sass klein und spitz auf einem fetten Hals von gleicher Grösse, und darunter war ein enormer Bauch, der von zwei kurzen Beinchen getragen wurde. Und um das Mass voll zu machen, schielte er geradezu meisterhaft.

Die Frauen hatten es ihm angetan, er bewunderte sie und schenkte ihnen ein gewinnendes Lächeln, das sich jedoch in seinen Hängebacken und seinem Doppelkinn verlor.

Wenn er mir begegnete (ich war schon kein Mädchen mehr), begann er sofort zu reden. Es war schwirig, ihn zu verstehen, denn er nuschelte wortreich lauter verworrenes Zeug. Dabei schaute er mich unentwegt an, aber mir war nicht klar, ob er mich wirklich sah, denn mit einem Auge starrte er mich an, mit dem anderen suchte er im Laubwerk der Platane nach Spatzen.

Er wohnte in einem alten Haus ohne Toilette, und wenn er ein natürliches körperliches Bedürfnis verrichten musste, ging er aufs Feld hinaus hinter ein Mäuerchen. Die frechen Kinder (ich war kein Teil dieser Bande, denn ich war schon erwachsen und vernünftig) folgten ihm heimlich, wenn sie sahen, wie er auf seinen Beinchen vorbeischaukelte, mit einem Blatt Papier in der Hand. Aus ihren Beschreibungen und ihrem Gegrinse schloss ich, dass es ein hübsches Schauspiel sein musste.

Und dort, hinter diesem Mäuerchen, wuchsen im Frühjahr von selbst die schönsten Tomatenstauden, als Beweis dafür, dass die Natur nie etwas vergeudet, und auch als Bestätigung dafür, dass Gido dieses Gemüse in rauen Mengen verdrückte.

Patà

Kaum habe ich von einer Persönlichkeit zu Ende erzählt, taucht schon die nächste hinter meinen geschlossenen Augenlidern auf.

Da war *Patà,* ein Tagelöhner, grantig und eigenbrötlerisch. Wenn unsere Mama ihn anheuerte, damit er beim Grasmähen half, waren wir Mädchen gar nicht glücklich darüber, dass er an unserem Tisch ass, denn er brummelte ständig etwas vor sich hin. Trotzdem war er ein armer Teufel, der allein lebte und alt und verwahrlost war. Zudem trank er, und dann wurde er richtig böse.

Trinken war sehr verbreitet, besonders unter den Männern (ich kann mich nicht erinnern, je betrunkene Frauen gesehen zu haben, ausser Tiberia, die aber nicht von hier war). Anderseits war es schon so, dass die einzige Möglichkeit, etwas Geselligkeit zu erleben, darin bestand, sich an einen Wirtshaustisch zu setzen, vielleicht für eine Partie Scopa[1]; und da gehörte der Zweier Landwein einfach dazu.

Wie man weiss, sind die Gläser wie Kirschen: Eins verlangt nach dem nächsten – mit Konsequenzen, die man sich leicht ausmalen kann.

---

1 Italienisches Kartenspiel. (A.d.Ü.)

Der Matratzenmacher

Wie ich schon sagte, mochten wir Mädchen es nicht, wenn Patà zu Gast war.

Wenn aber der Matratzenmacher mit uns am Tisch sass, dann war dies ein wahres Vergnügen. Er wohnte nicht im Dorf, sondern wurde gerufen, wenn eine der Hausfrauen beschlossen hatte, die Wollmatratzen, die voller Knoten waren, »machen« zu lassen.

Er war mit dem Fahrrad unterwegs, an dem er ein Wägelchen angehängt hatte, um das Werkzeug zu transportieren, mit dem er die Wolle kardete. In einem Sack hatte er Scheren, dünne Schnur und dicken Zwirn, Knöpfe und die für seinen Beruf typischen langen Nadeln. Die Hausfrau hatte bei seinem Eintreffen schon die Matratze geleert und den Bezug, wenn er noch brauchbar war, gewaschen und zum Trocknen an die Sonne gehängt.

Der Matratzenmacher – ich erinnere mich nicht mehr, wie er hiess – setzte sich rittlings auf die Karde, ein Gerät, das aus zwei Holzflächen bestand, die leicht gebogen und von kleinen, schräg stehenden Nägeln übersät waren. Der untere Teil stand auf vier Beinen, eigentlich auf fünf, denn hinten gab es eine Verlängerung für die Sitzfläche. Der obere Teil wurde von zwei Trägern gehalten, die in der Mitte des unteren Teils befestigt waren, und wurde durch die Person, die das Gerät betätigte, vor und zurück bewegt, und die Nägelchen bohrten sich in die verklumpte, verhärtete Wolle und machten sie locker und federleicht.

Der Matratzenmacher arbeitete gewissenhaft, ohne Pause und ohne sich je zu beklagen, auch wenn sich aus der Wolle, die nicht immer gründlich gewaschen worden war, eine Staubwolke erhob, die einen zum Husten brachte. Er aber hustete nicht, er lachte. Genau so war es. Ins rhythmische, dumpfe Geräusch der Karde mischte sich ab und zu ein absurdes »he, he, he«. Als wir dieses Lachen zum ersten Mal hörten, schauten wir uns um, denn wir wollten wissen, mit wem oder über wen er lachte. Aber da war niemand. Die Mama erklärte uns, der Matratzenmacher lache nicht (wie, er lachte nicht?), sondern habe die Gewohnheit, ab und zu »he, he« zu machen (heute würde man es einen nervösen Tick nennen). Und sie schärfte uns ein, bei Tisch nicht zu lachen, wenn wir alle zusammen waren.

Es war nicht möglich, ernst zu bleiben. Nicht einmal die bösen Blicke der Mama konnten mich dazu bringen, ihren Befehl zu befolgen, und um den Lachkrampf zu unterdrücken, den ich beim x-ten »he, he« bekam, gab ich vor, durstig zu sein. Ich verschluckte mich am Wasser und musste in den Hof rennen, um mich, hustend und lachend, wieder zu beruhigen. Er bemerkte nichts oder zeigte es zumindest nicht, auch weil er ein sehr anständiger und netter Mensch war.

Er nahm den Hut ab, wenn er sich an den Tisch setzte, ass mässig, bedankte sich, trank wenig und sprach noch weniger, und wenn er wieder ging, grüsste er alle, auch uns Kinder, gab der Mama die Hand und sagte: »Auf Wiedersehen, Signora.«

Der Kesselflicker

Einmal im Jahr kam der Kesselflicker.

Er war eine ganz andere Erscheinung als der Matratzenmacher. Grossgewachsen und schwarz gekleidet, kam er sich recht wichtig vor, wenn er durch Gassen und Gässchen ging und rief: »*Oh donn, ghé scià ol magnan!* (Ihr Frauen, hier kommt der Kesselflicker!)« Die Kinder folgten ihm und ahmten seinen Ruf nach. Und wenn er dann, beladen mit kupfernen Kesseln, Pfannen und Töpfen zum Reparieren, zurück auf der Piazza war, stellten sie sich hinter ihn, um ihm bei der Arbeit zuzusehen.

Der Kesselflicker zündete das Feuer an, schürte es mit einem kleinen Blasbalg und legte das reparaturbedürftige Gefäss in die Glut. Dann goss er eine Flüssigkeit hinein, die beim Kontakt mit dem heissen Metall einen beissenden Rauch verströmte. Er reinigte das Gefäss gründlich und besserte es wenn nötig mit einem Flicken aus, den er mit einer grossen Schere aus einem Kupferblech von wunderschöner Farbe herausgeschnitten hatte. Danach stellte er das Gefäss erneut aufs Feuer, warf kleine Stücke eines hellgrauen Metalls hinein und brachte sie zum Schmelzen. Er rieb es mit einem Lumpen, und wie durch Zauberhand fing die Pfanne, die vorher schwarz und schmutzig gewesen war, wie Silber zu leuchten und zu glänzen an. Der Kesselflicker war wie ein Zauberer, und es hätte mich nicht verwundert, wenn er fähig gewesen wäre, Eisen in Gold zu verwandeln, so wie es gewisse Märchenfiguren taten. Wenn die Arbeit beendet war, die Besitzerinnen ihre Töpfe abgeholt hatten und das Feuer ausgelöscht war, legte der Kesselflicker seine Werkzeuge und die Fläschchen mit den geheimnisvollen Flüssigkeiten in eine grosse Holzkiste mit Deckel und schloss sie mit einem Schlüssel ab. Er hängte sie sich um und machte sich, noch immer von uns Kindern begleitet, auf den Weg zum Bahnhof, um den Zug zu nehmen, der ihn an andere Orte bringen würde, wo er seine Zauberkünste ausüben konnte.

Vezia, Sofia und Pinela

Wenn ich an den Kesselflicker denke, erinnere ich mich an die Piazza, wo er arbeitete.

Und ich kann nicht anders, als in der Erinnerung dort auch *Vezia* wiederzusehen. Sie sass hinter ihrem vergitterten Fenster, das auf eben diese Piazza hinausgeht, und war damit beschäftigt, aufmerksam jedes Ereignis, jede Bewegung in ihrem Gesichtsfeld zu beobachten und sich zu merken. *Sofia, Vezia* und der *Pinela,* sie waren drei unverheiratete Geschwister, deren Fenster ich jedes Mal, wenn ich auf meinen Balkon trete, direkt vor meinen Augen habe.

In jungen Jahren war Sofia tatsächlich eine hübsche Frau (ich habe ein Foto von ihr aus dem Jahr 1907 gesehen). Mir hingegen ist sie als altes, dünnes Weiblein in Erinnerung mit einem kümmerlichen Haarknoten und stets gebeugt unter ihrem Rückenkorb. Der war immer voll und schwer und hatte ihre Beine so krumm gemacht, dass ein Hund mit einem Gewehr quer in der Schnauze zwischen ihren Knien hätte hindurchlaufen können, wie die Männer sagten. Sie sprach wenig, und die ganze Familie war für die ständigen Streitigkeiten mit den Nachbarn bekannt (ich weiss nicht, ob zu Recht oder zu Unrecht).

Vezia verbrachte wie gesagt den grössten Teil ihrer Zeit am Fenster und beobachtete die Leute, die daran vorbeigingen. Klein, mit krummem Rücken und einem eher grossen Kopf, der auf zwei mageren Schultern ruhte, hatte sie immerzu hängende Mundwinkel. Mir tat sie leid. Ab und zu wurde sie ins Spital gebracht und kehrte jedes Mal noch bleicher und noch niedergeschlagener zurück. Ging es ihr etwas besser, überquerte sie mit langsamen, vorsichtigen Schrittchen die Strasse und kam zu uns, um sich vor den Kamin zu setzen und mit unserer Mama zu plaudern. Vezia verstarb als Erste. Sie ging zum x-ten Mal ins Spital und kam nicht mehr zurück.

Als ich vor Jahren den *Voltamarsina*[1] las, habe ich mich an der Stelle, wo der Autor das Quietschen von Tomasos Karren beschreibt, gleich an Pinela erinnert. Auch er war Strassenmeister, und seine Arbeitsgeräte waren ebenfalls Eisenrechen, Schaufel und Karre. Wenn Pinela morgens loszog, um Löcher auszubessern, Gras zu schneiden oder Strassengräben zu reinigen, gab seine Karre ein leidendes Quietschen von sich, als finde sie es viel zu beschwerlich, auf Strassen voller Kies und Löcher fahren zu müssen. Die Karre und nicht etwa Pinela belustigte die Kinder; sie folgten dem Strassenmeister und riefen dabei »quietsch … quietsch«, was noch kläglicher klang als die Laute dieses bescheidenen Transportmittels; und Pinela wurde wütend. Er lebte noch ein paar Jahre länger als Sofia, die alt und

1 Roman von Don Francesco Alberti (1882–1939). (A.d.Ü.)

verbraucht gestorben war. Bei der Beerdigung des alten Strassenmeisters konnte man bei genauem Hinhören vielleicht ein schmerzliches »Quietsch … Quietsch« hören, das aus dem Geräteschuppen im Hof kam und den langjährigen Freund zum Abschied grüsste.

Auch dies ist eine Erzählung von Menschen, die keine Geschichte haben, die ich aber nicht vergessen kann, weil sie genau vor meinem Haus wohnten.

Der Lehrer

Viele Fähigkeiten hingegen besass der Lehrer Poncioni.

Zumindest wir Kinder waren überzeugt, dass es so sei. Zur Zeit meiner Eltern waren die Schulen noch nicht gemischt. Es gab einen Lehrer für die Knaben und eine Lehrerin für die Mädchen. Bei den Mädchen unterrichtete Pia Bizzini-Buzzacarini, bei den Knaben war es, wenn ich mich nicht täusche, ein gewisser Agostino Donati aus Broglio.

Dann wurden – vielleicht wegen schrumpfender Schülerzahlen – die beiden Schulen zusammengelegt. Und Lehrer Poncioni wurde geholt, der in diesen acht Klassen mit über vierzig Schülern und Schülerinnen für Ordnung sorgen sollte. Ich ging in den ersten drei Primarklassen zu ihm, und ich kann bezeugen, dass er der klassische Zuchtmeister war, den die Eltern dann erwähnten, wenn sie ihrem unfolgsamen Nachwuchs Angst machen wollten. Lehrer Poncioni hielt immer gut sichtbar eine Haselrute auf dem Tisch bereit, und er zögerte keineswegs, sie anzuwenden und auf die auf dem Pultdeckel liegenden, geöffneten Hände niederzischen zu lassen. Er war ein schöner Mann, hochgewachsen, schlank und hatte einen schmalen Schnauz. Er lächelte nie, und wenn doch, dann galt sein Lächeln den grösseren Mädchen. Wenn er durch die Pultreihen ging und mit gestrengem Blick nach rechts und nach links schaute, ohne ein Wort zu sprechen, zitterte ich, auch wenn ich völlig unschuldig war.

Nicht ganz unschuldig war ich an dem Tag, als ich wegen einer Wette mit meiner Kameradin unter den Bänken hindurchkroch, um am anderen Ende des Klassenzimmers ein grosses Mädchen zu kneifen. Das Mädchen schrie auf, und der Lehrer war mit einem Satz zur Stelle. Er zog mich am Ohr unter den Bänken hervor, verpasste mir eine schallende Ohrfeige, und dann wurde ich weinend an meinen Platz zurückgeschickt.

Lehrer Poncioni hatte unter seiner etwas seltsamen Ehefrau zu leiden. Sie hiess Peppina. Die Nachbarn sagten, die beiden würden sich oft schrecklich streiten und die Frau schreie dann wie ein Tier. Ich erinnere mich, dass man sich zuflüsterte, sie sei auch keine tüchtige Hausfrau; denn sie trug die löchrigen Strümpfe einen über dem anderen, darauf bedacht, dass die Löcher nicht übereinander zu liegen kamen. Zudem verreiste sie ab und zu für einige Tage.

Wir Kinder merkten jeweils anderntags, dass es am Vorabend Zank gegeben hatte, wenn der Lehrer mit einem noch finstereren Gesicht das Klassenzimmer betrat. An solchen Tagen wagte man kaum zu atmen.

Poncioni war ein leidenschaftlicher Jäger, und es kam vor, dass er ab und zu im September auf dem Maiensäss vorüberkam, wo wir uns aufhielten. Wie damals, als uns nichts Gescheiteres einfiel, als auf dem Weg einen Kuhfladen mit

Gras zu tarnen, in der Hoffnung, dass die *Ghidaza,* die mit dem *gerlo* voller Mist vorbeikommen musste, hineintappen und zu Boden purzeln würde (was waren wir nur für Kindsköpfe!).

Stattdessen trat plötzlich der Lehrer, das Gewehr geschultert, durch die Öffnung in der kleinen Steinmauer, die die Wiesen begrenzte, und hielt auf uns zu. Wir standen auf einem grossen Stein und waren wie gelähmt: Würde der Lehrer hinfallen, würde er sicherlich begreifen, dass wir daran schuld waren. Er näherte sich uns, noch bedrohlicher als sonst mit diesem Gewehr auf der Schulter, grüsste knapp, als er auf unserer Höhe war, und – ging über den Kuhfladen hinweg, ohne hineinzutreten. Wir schnappten nach Luft, nachdem wir den Atem lange angehalten hatten, und schrieen hinter dem sich bereits Entfernenden her: »Guten Tag, Herr Lehrer!«

Das ist eine der letzten Erinnerungen an Lehrer Poncioni. Er verliess später das Dorf und machte anderen Lehrern Platz.

Die Pfarrer

Die Spuren, die der Dorfpfarrer im Gemüt eines Mädchens und einer Heranwachsenden hinterlässt, gehören zu den tiefsten – im Guten wie im Schlechten.

Der Priester war die wichtigste Person im Dorf und kam noch vor dem Lehrer, dem Bürgermeister und dem Gemeindeschreiber. Wenn man ihm ausserhalb der Kirche begegnete, musste man ihn mit einem hochachtungsvollen »Guten Tag, Herr Pfarrer« grüssen, und zwar mit lauter Stimme, sodass er es auch sicher hörte.

Ich weiss nicht mehr so viel über Don Riccardo Giovanettina. Er war aus Peccia gebürtig und war talabwärts gezogen, zusammen mit seinem Bruder, der später in Gordevio heiratete, und seiner Schwester, die sich eng mit meiner Mama befreundete. Seine Mutter war in den letzten Jahren, in denen er unter uns weilte, als seine Haushälterin tätig. Sie war eine kleine Frau, immer in Schwarz gekleidet, und sprach das R auf diese seltsame französische Art aus, die typisch ist für den Dialekt der Leute aus Peccia.

Ich erinnere mich, dass ich einmal vom Balkon unseres Hauses fiel und meine Mama mich aufhob und ins Bett legte in der Meinung, ich sei tot. Als ich die Augen öffnete, sah ich das runde Gesicht von Don Riccardo über mich gebeugt. Er schaute mich mit seinen durch die dicken Gläser der runden Brille vergrösserten Riesenaugen an, die ihn wie eine Eule aussehen liessen. Er lächelte mich an und sagte zu mir: »Du lebst! Heute ist das Fest der heiligen Theresa – sie hat dich gerettet.« Froh gelaunt ging er von dannen und nahm das Etui mit dem Nötigsten für die Letzte Ölung wieder mit, die es nun nicht mehr brauchte.

Don Riccardo war auch ein begeisterter Musiker. Er spielte das alte Harmonium hinter dem Altar und brachte uns das Singen bei. Wir haben dabei unser Bestes gegeben und darum gewetteifert, wer am lautesten singen konnte. Dieser unser Pfarrer war sehr diskret und mit allen nett. Sein Lächeln hatte immer irgendwie etwas Schüchternes. Mit uns Kindern war er nicht allzu streng. Mich faszinierten seine Erzählungen der biblischen Geschichte.

Während der Fastenzeit und des Marienmonats Mai mussten wir kleine Opfer bringen, sodass wir am Ende dieser Wochen ein Blatt abgeben konnten, worauf als Beweis für die gebrachten Opfer neben der Zahl im Kalender ein Blümchen gezeichnet war – oder auch nicht. Ich erinnere mich nicht, ob wir gemogelt haben, aber ich glaube, wir hatten zu grosse Angst vor der göttlichen Strafe, um zu lügen. Don Riccardos schönstes Werk war die Einrichtung einer Kirchenbibliothek. Dafür bin ich ihm heute noch zutiefst dankbar. Er verstarb noch keine fünfzig Jahre alt, zwei Monate vor meinem Papa, dessen Freund er gewesen war.

Nach ihm kam Don Martinali. Das war ein etwas sonderbarer Priester. Wenn er predigte, brüllte er so, dass die Kirche erzitterte. Er wurde oftmals zu Patronatsfesten in den anderen Dörfern gerufen und ging da gerne hin, denn er war ein Feinschmecker und, mehr noch, ein Liebhaber eines guten Tropfens. Wenn er, gross und dick, wie er war, in seinem Pluviale die Vesperpsalmen anstimmte, hörte man ihn auch ausserhalb der Kirchenmauern. Predigte er anschliessend donnernd über die Hölle, sein Lieblingsthema, machten sich alle ganz klein aus Angst vor den bösen Geistern. Don Martinali hatte oft einen Neffen mit dem seltsamen Namen Orazio zu Besuch. Dieser scheint alles andere als ein Heiliger gewesen zu sein, denn eines Tages wurde er in der Kirche Sant'Antonio in Locarno erwischt, wie er im Talar seines Onkels im Beichtstuhl sass und den armen Sünderinnen, die vor dem Gitter knieten, die Beichte abnahm und die Absolution erteilte.

Ich erinnere mich nicht mehr oder vielleicht habe ich es auch nie gewusst, wann und wo dieser seltsame Priester starb. Ich weiss nur, dass uns der Bischof kurz vor Ausbruch des Zweiten Weltkriegs Don Silvio Perozzi schickte. Er kam aus dem Verzascatal, war dünn, hatte ein grob geschnitztes Antlitz und zwei hellblaue Augen, die dich bis ins Innerste prüften. Von ihm habe ich schon viel erzählt, und ich möchte mich hier nicht wiederholen, aber doch noch einmal erwähnen, wie sehr ich ihn schätzte. Ab und zu ging ich zum

Putzen ins Pfarrhaus (Don Silvio hatte keine Haushälterin), und er bereitete mir einen Vanillepudding zu, zur damaligen Kriegszeit eine ziemlich rare Schleckerei. Als Imker hatte er Anrecht auf Zuckerzulagen für die Bienen, und oft schenkte er mir ein Päckchen mit diesen steinharten, beim Zergehenlassen so süssen braunen Stückchen. Einmal nahm er mich mit auf den Dachboden und zeigte mir seinen Sarg. Er hatte ihn eigenhändig gezimmert und hielt ihn für den Bedarfsfall bereit.

Er hatte ein fröhliches, oft spöttisches Wesen. Eines Tages zur Jagdzeit begegnete ich ihm auf dem Feld; er hatte das Gewehr um und hielt einen toten Raben an den Beinen. Als er mich erblickte, hielt er seine Beute hoch und deklamierte: »Brüder haben Brüder umgebracht. Welch schreckliche Mär bring ich euch da.«[1] Dabei grinste er glücklich. Die Madonna bedeutete ihm alles, und man konnte ihn stundenlang vor ihrem Altar knien und beten sehen. Er liess die Wegkapellen bei *Predalònga*[2] und bei *Pontid*[3] erbauen, wo jedes Jahr am 24. Mai eine Prozession hinführte. Ich mochte diese Art Gottesdienst sehr, die lange Schlange von Menschen, die auf dem Weg zu den Maiensässen gingen, während in der Luft der bittere Geruch von blühendem

---

1 Verse aus einem Gedicht von Alessandro Manzoni. (A.d.Ü.)
2 Talsenke am Waldrand bei *Sgérbi.*
3 Am Weg zu den *Mònt fòra.*

Ginster lag und sich mit jenem von zertretenem Thymian mischte.

Er war es, der mich davon überzeugte, mich um die frei gewordene Stelle als Verantwortliche des Kirchenputzdienstes zu bewerben. Später wurde ich auch Sigristin (das alles für zweihundertfünfzig Franken im Jahr). Vor allem bei grossen Festen musste natürlich die ganze Familie beim Putzen mithelfen. Ich hatte zwar das Amt inne, aber das Kommando hatte meine Mama. Wie oft mussten wir mit Sigolin die Kerzenleuchter auf dem Altar polieren und am Dorfbrunnen die Blumenvasen auswaschen! Die Blumen erhielten wir aus den Gärten im Dorf, und es waren nur wenige Frauen, die sie uns verweigerten. Zu grossen Sträussen gebundene Osterglocken, Gladiolen, Dahlien, Rosen, Astern und Hortensien schmückten die Altäre.

Ich kann mich nicht erinnern, dass Don Silvio tadelnde Bemerkungen gemacht hätte, wenn die Arbeit nicht perfekt ausgeführt worden war. Ihm waren ein bisschen Staub in den Ecken und ein noch aus der Höhe herabhängendes Spinnennetz gleichgültig. Manchmal, speziell bei grossen Festen, wenn das »Glockenkonzert« gespielt wurde (wir hatten drei Glocken), kam er und half uns, die Stränge zu ziehen. Die Glocken zu läuten, war eine eigentliche Kunst. Man musste sie hochziehen, sie in der Schwebe halten und rechtzeitig den Strang loslassen, um sie wiederum anzuhalten, sobald sie erneut oben angekommen waren. Man begann mit dem Glöckchen. Die mittlere Glocke musste von jemand Erfahrenem gespielt werden, der sich darauf verstand, das Seil im richtigen Moment loszulassen. An der grossen Glocke fing man dann zu ziehen an, wenn die erste Glocke läutete. Die grosse war am anstrengendsten: Sie riss einem fast die Arme aus. Verstanden es die Spieler nicht, sich aufeinander abzustimmen, war das Ergebnis enttäuschend. Wenn sie aber Könner waren, erfüllte diese Musik alle mit Freude.

Don Silvio liebte die Berge. Für ihn bedeutete es keinerlei Anstrengung, von zu Hause aus bis nach Monteggia und zurück zu gehen, vielleicht gar mit den Ziegen im Schlepptau, die wir Mädchen im Tal unten erwarteten und melken sollten.

Doch eine der Theorien, die dieser Pfarrer vertrat, ging mir gegen den Strich: Er war dagegen, dass Frauen lasen, besonders die verheirateten. Er sagte, dass sie dadurch auf falsche Gedanken kämen. »Zum Kuppler ward das Buch und der's geschrieben«[4], zitierte er mahnend. Ich habe ihm nie gehorcht, und er wusste das auch, trotzdem hat er mich nie darauf angesprochen. Eines Tages, ich war schon eine junge Frau, überraschte er mich, als ich Hand in Hand mit meinem Schatz an einem etwas abgelegenen Ort spazieren ging. Am nächsten Tag brachte er mich mit seinem Spott

---

4 Vers aus dem 5. Gesang von Dantes *Hölle*. (A.d.Ü.)

zum Erröten und wollte wissen, wer das sei. Ich sagte es ihm, und er erwiderte mir, dass er Informationen einholen würde. Das hat er auch getan und später – ich erinnere mich noch, ich war in der *Fimèll*[5] und reinigte die Wiese – teilte er mir mit, dass dies zwar ein braver Junge sei, dass er aber schon verlobt sei. So liess ich die Sache bleiben, doch heute noch frage ich mich, ob ich das Richtige getan habe.

Don Silvio starb, da war ich schon verheiratet und aus dem Dorf weggezogen. Er hatte mir noch geschrieben, dass er mich besuchen kommen wolle und dass er auch das Kind, das ich erwartete, taufen würde. Aber da war er schon krank; und nur wenige Monate später wurde mir die Nachricht von seinem Tod überbracht. Ich bin zur Beerdigung gegangen und habe geweint, denn ich hatte das Gefühl, einen Freund verloren zu haben.

Als ich fünf Jahre später mit meiner ganzen Familie in mein Heimatdorf zurückkehrte, hatte Don Angelo Gobbi die Pfarrei unter sich. Aus Cavigliano gebürtig, war er viele Jahre lang Missionar in China gewesen, einem Land, das er noch immer liebte. Er war ein verschlossener, schüchterner Mensch, der vielleicht auch unfähig war, sich auf ein Gespräch einzulassen, aber wenn er von den langen Jahren in Asien sprach, wurde er ein anderer. Da strahlte er förmlich.

---

5   Flaches Gebiet zwischen der Kantonsstrasse und dem linken Flussufer.

Die Kinder gingen gerne in den Katechismus, denn immer war von den Chinesen die Rede, und die Lektionen wurden durch Wörter der dortigen Sprache angereichert, einer Sprache, die Don Angelo vertraut und lieb war. Und nie fehlten Vergleiche zwischen den Gläubigen von dort und denen von hier, wobei wir aus diesem Vergleich immer als Verlierer hervorgingen. Er hatte seine Mission aus gesundheitlichen Gründen verlassen müssen, und man sah ihm an, dass es ihm nicht gut ging, denn er war immer schrecklich nervös. Wenn er wütend wurde, stampfte er mit den Füssen auf den Boden und protestierte.

Klein, dünn, mit früh weiss gewordenem Haar, wurde er von der Bevölkerung geliebt, auch wegen seiner Schüchternheit: Wenn er einen Gruss erwiderte, senkte er den Kopf. Er blieb lange in Avegno. Als er einfach nicht mehr konnte, zog er sich in seine Terre di Pedemonte im Centovalli zurück, wo er starb und auch beerdigt werden wollte.

Vor einiger Zeit zeigten sie am Fernsehen einen Beitrag über eine mehr als hundert Jahre alte Französin, und es hiess, sie habe in ihrem langen Leben ich weiss nicht wie viele Staatspräsidenten gekannt. Aber hat sie sie wirklich alle gekannt oder war es nur so, dass die anderen sie für sie gezählt haben? Präsidenten sind weit entfernte, ja fast abstrakte Leute, während wir im Dorf unsere Pfarrer wirklich gekannt haben, weil sie Teil unseres Lebens waren.

Ich weiss nicht, ob die Pfarrerstelle in Avegno lange unbesetzt blieb. Auf jeden Fall verging stets eine gewisse Zeit zwischen den einzelnen Priestern. Da las jeweils Don Salvi die Messe, der Pfarrer von Gordevio. Er war ein gütiger, karitativ tätiger Mensch (später erfuhr man, dass er alles, was er besass, den Armen gab und sich bei seinen Mahlzeiten mit ein bisschen Polenta und Brot begnügte). Er kam aus der Provinz Bergamo und war ein Cousin, welchen Grades weiss ich nicht, von Papst Johannes XXIII. und glich diesem sogar. Er hatte dieselbe Gutmütigkeit, dasselbe offene Lächeln und auch den gleichen bäuerlichen Körperbau. Bevor er Priester wurde, hatte er als Holzfäller gearbeitet. Das sah man sofort, denn wenn ich nach der Messe die Kordel oder das Cingulum seines Messegewands in die Truhe zurücklegte, war es so zusammengerollt, wie Holzfäller es mit ihren Seilen tun, die sie für ihre Holzfuhren verwenden. Er war streng in Sachen Bekleidung der Mädchen. Eines Tages begegnete ich ihm beim Bahnhof, wo wir beide auf den Zug warteten. Es war Sommer, und ich trug eine Bluse mit Ärmeln, die bis zum Ellbogen reichten. Er schaute mich sehr streng an und sagte: »Du solltest nicht so herumlaufen, sonst verbrennt dir der Teufel die Arme.« Was würde er wohl heute sagen?

Der darauffolgende Priester war das pure Gegenteil von Don Salvi. Er hiess Don Agostino Pellanda und war, wie mir scheint, aus Intragna. Seine Haushälterin hiess Claudina.

Don Pellanda und Claudina – ein unzertrennliches Paar! Soeben kommt mir in den Sinn, dass Don Pellanda der erste Priester in Avegno war, der ein Automobil besass. Und ich sehe die beiden noch heute: ihn, wie er im Rückwärtsgang aus der Garage fuhr, und sie, wie sie ihm Handzeichen gab, damit er nicht in die Mauer auf der anderen Strassenseite prallte. Trotz Handzeichen geschah es eines Tages, denn als Automobilist war er eine öffentliche Gefahr. Seinen Führerschein hatte er erst in vorgerücktem Alter gemacht und deshalb nie gut fahren gelernt. Einmal stieg ich in sein Auto ein, und ich kann euch sagen: Ich hatte Angst. Don Pellanda blieb nur wenige Jahre bei uns. Er zog zurück nach Intragna. Zuerst starb Claudina, und nur kurz danach kehrte auch er, hochbetagt, zu seinem Schöpfer zurück.

Meine Mama hat mir beigebracht, nie schlecht über die Toten zu reden und schon gar nicht über verstorbene Pfarrer. So höre ich denn hier auf.

Abschliessende Worte

Nun habe ich das Mosaik fertig. Ich bin dahin und dorthin gelaufen und habe in allen Winkeln des Dorfes gestöbert, um die zahlreichen Steinchen, aus denen es sich zusammensetzt, an ihrer Stelle einzufügen.

Vor Kurzem habe ich gelesen – bloss weiss ich nicht mehr wo –, dass nur die Vergessenen wirklich tot sind. Mit diesen meinen Erinnerungen sorge ich dafür, dass all die hier beschriebenen Menschen weiterleben.

Doch auch alle, die ich nicht namentlich erwähnt habe, Grosse oder Kleine, Wichtige oder Unbedeutende, mit einer interessanten oder ohne besondere Geschichte, bilden eine Schar, die für immer im Gedächtnis von jenen haften bleiben wird, die neben ihnen gelebt haben.

Wenn ich mir mit geschlossenen Augen Haus um Haus vergegenwärtige, sehe ich statt der heutigen Bewohner Agnese, Giacomina und Isola, Linda und Fredo, Gemma und Battista, Serafina und Bob, Dela, Giacoma und und und

Mir ist, als sei ich wieder das kleine Mädchen von damals, mit den Stirnfransen über den Augen und den Holzschuhen an den Füssen.

Bildteil

»In diesem Dorf bin ich geboren, hier bin ich aufgewachsen, und hier lebe ich noch heute.«

»Ich schultere meine Last wieder, und mit gebeugtem Rücken setze ich meinen Weg fort auf dem immer steileren Pfad.«

»So lief ich ohne jegliche Mühe abwärts und spürte, wie jeder Muskel meines Körpers seine Aufgabe bereitwillig erfüllte. Es war, als hätten die Füsse Flügel.«

»Ich wollte einen Beweis dafür finden, dass wir wirklich dort gewesen waren und gearbeitet hatten. In einer der Ruinen, in einem Spalt neben dem Loch, das einst die Türe der Hütte gewesen war, fand ich einen halben Wetzstein ...«

»Gebetet wurde sehr viel. Den Rosenkranz betete man jeden Abend vor dem Zubettgehen oder bevor man zum Arbeiten in die Berge ging …«

»Dort, unter der mächtigen Buche, die mein Urgrossvater gepflanzt hat, steht die Hütte und ist schon voller Leben. Sie erwarten mich.«

»… aber von der Ziege keine Spur. Im darauffolgenden Jahr entdeckte ich ihre Überreste in unmittelbarer Nähe des *Müraiòn*. Ich erkannte sie an den wunderschönen Hörnern, die noch immer den verbleichten Schädel zierten.«

»Wenn ich in Gedanken durch den Ortskern gehe, sehe ich noch immer die Menschen, die dort am Strassenrand weilten.«

»Es war Sommer, und ich trug eine Bluse mit Ärmeln, die bis zum Ellbogen reichten. Er schaute mich sehr streng an und sagte: ›Du sollst nicht so herumlaufen, sonst verbrennt dir der Teufel die Arme.‹ Was würde er wohl heute sagen?«

»Im Dorf mussten mein Vater und meine Mutter machtlos dem Sterben eines Schwesterchens zusehen, das nach der Pockenimpfung erkrankt war.«

»Eines Morgens sagte die Grossmutter zu uns: ›Letzte Nacht habe ich gehört, wie jemand an die Hüttentür klopfte.‹ Kurz nach Sonnenaufgang kam vom Dorf her eine Bekannte mit der Nachricht zu uns, dass die Kleine gestorben sei.«

»Ihr war eine Stelle als Lehrerin in Avegno angeboten worden, und sie hatte sie angenommen. Von Anbeginn wurde sie von ihren Schülerinnen geliebt, die in ihr, so vermute ich, eine Person sahen, die ein wenig geheimnisvoll war, dazu frisch und kultiviert und die sehr viele Dinge wusste.«

»Wenn ich die breite Treppe, die bei der *Gesola* beginnt, weiter hinaufsteige und nach links abbiege, gehört es einfach dazu, dass ich anhalte und einen Blick auf das Haus von Clotilde werfe. Einst sass hier vor dem Haus unter dem Türbogen *Menga.* Ich erinnere mich nicht etwa deshalb an sie, weil sie etwas Besonderes getan hätte; nein, sie sass einfach nur da, ganz ruhig. Doch hatte sie etwas Eigentümliches, das meinen Blick auf sich zog, und das war ihr linker Arm.«

»Er war mit *Ghidaza* Luisina verheiratet, sie hatten jedoch keine Kinder. Dies dürfte ihn aber nicht gestört haben. Er betrachtete Kinder als notwendiges Übel …«

»Es gibt Leute, die den alten Zeiten nachtrauern, aber nach einem solch harten Leben, vor allem für Frauen und Alte, kann man sich eigentlich gar nicht zurücksehnen.«

»Mir ist, als sei ich wieder das kleine Mädchen von damals, mit den Stirnfransen über den Augen und den Holzschuhen an den Füssen.«

Bibliografie

Für die Dialektbezeichnungen von Orten und Personen diente als Referenzwerk: F. Antonini, M. Maddalena-Bondietti, S. Storia, S. Vassere: *Repertorio toponomastico ticinese, Avegno,* herausgegeben von der Forschungsstelle für Tessiner Geschichte und Namenkunde (Centro di ricerca per la storia e l'onomastica ticinese), Universität Zürich, 1991.

Für die Erklärung einiger Begriffe aus der bäuerlichen Arbeitswelt war folgendes Buch von Nutzen: Abele Sandrini: *Boschi, boscaioli e filo a sbalzo,* Armando Dadò editore, Locarno 1985.

Dank

Ohne die Unterstützung durch meine Familie und ihr Vertrauen in meine Fähigkeiten wäre dieses Buch nie entstanden. Von Herzen danke ich Faustino, Francesca, Giancarlo, Giulia und Magda für das Transkribieren der Manuskripte, das Korrigieren und Koordinieren.

Herzlich danke ich auch dem Patriziat Avegno für seine Aufgeschlossenheit gegenüber kulturellen Fragen und für seine ausgesprochene Grosszügigkeit.

Gleichzeitig bin ich auch all jenen tief dankbar, die mir ihre Erinnerungen anvertraut haben, damit ich sie weitergeben und so verewigen konnte.

Anhang

arbo: Baum, Kastanienbaum.
braiei: Rückentragkörbe mit weit auseinander stehenden Rippen.
caraa: Gasse.
formaggella: damals äusserst magerer, fast »blauer« Weichkäse aus Kuh- oder Ziegenmilch.
gazosa: damals eine Mischung aus Sirup oder Kräutertee und Zucker, Wasser, Kräutern und Zitronensaft, die in eine Flasche eingefüllt wurde, deren Verschluss nicht ein Korken, sondern ein Glaskügelchen im Flaschenhals war. Die Flasche wurde sodann an die Sonne gestellt, und durch die Fermentierung entstand ein Gas, das das Glaskügelchen ganz hoch in den Flaschenhals schob und die Flasche verschloss, zum Teil auch zum Bersten brachte. Zum Öffnen der Flasche stiess man mit dem Finger das Glaskügelchen hinunter. Heute wird Gazosa mit Kohlensäure angereichert und in die typische Bügelflasche eingefüllt.
gerlo: Rückentragkorb, Kräze.
ghidaza: Taufpatin.
grotto: natürliche Felshöhle, in der früher verderbliche Lebensmittel aufbewahrt wurden. Heute Bezeichnung für ein rustikales Restaurationslokal.

i mille gusti: Fruchtbonbons mit verschiedenen Geschmacksnoten, zum Beispiel von Himbeere, Veilchen oder Zitrone, jeweils in die Form der geschmacksgebenden Frucht gepresst.

lüdria: Fischotter.

medola: Handsichel.

peduli, peduu: Stoffschuhe.

possa: Ruheplätzchen (Mehrzahl *posse*).

ranza: Sense.

scmuscia: bei der Flussfischerei illegal verwendetes Netz.

Inhalt

Vorwort 6
Vorwort zur italienischen Ausgabe 8

In den Falten der Zeit 14
Die Gerüche meiner Heimat 17
Die Farben meiner Heimat 25
Der Geschmack meiner Heimat 33
Die Arbeiten 40
Das Transport- oder Heuseil 59
Der Weg der Mühsal 76
Der andere Weg der Mühsal 85
Das Essen 99
Die Kastanienbäume 104
Das Heilige und das Profane 109
Die Auswanderer 117
Krankheiten und Heilmittel 121
Die Kinder 129
Meine Schafe 134
Die Sitzbänke von Avegno 143
Bergheuet 148
Der Fluss 155
Der Ri grand 165
Die Steinmetze 180

Das Mosaik 186
Pedro und Liduina 189
Tiberio und Tiberia 192
Tiglio und die Maestra 198
Cech und Berta 203
Maria Barbolina 206
Die Neri 209
Maria, Elvira und Menga 213
Luca 215
Severina 223
Tomamichel 227
Dolfo 230
Lodovico 233
Vergogna und Cechcarmela 234
Gido 236
Patà 238
Der Matratzenmacher 239
Der Kesselflicker 242
Vezia, Sofia und Pinela 244
Der Lehrer 247
Die Pfarrer 250
Abschliessende Worte 260

Bildteil 263

Bibliografie 282
Dank 283
Anhang 284

Für wertvolle Unterstützung bedankt sich der Verlag bei:
ch Stiftung, Pro Helvetia, Dätwyler Stiftung, Casa nell'Arte.

Originaltitel: *Fra le pieghe del tempo*
© Armando Dadò editore, Locarno 2009
Übersetzung: Judith Blumenthal, Antonella Rigamonti und Andreas Grosz
Fotografien: pudelundpinscher (S. 265–272) und Besitz der Autorin (S. 273–280)
Layout und Satz: pudelundpinscher
Schriften: Simoncini Garamond und Syntax
Druck: Tipografia Stazione SA, Locarno
Einband: Legatoria Mosca SA, Lugano

© 2012 Maritz & Gross,
edition pudelundpinscher, Erstfeld
www.pudelundpinscher.ch
Alle Rechte vorbehalten
ISBN 978-3-9523736-3-7

Imprimé en Suisse
Printed in Switzerland

Finito di stampare il 5 maggio 2012,
giorno di san Gottardo